出社してから帰るまで
ネイティブに伝わる
ビジネス英語700

デイビッド・セイン
David A.Thayne

はじめに

ビジネス英語では「正しい英語」より「伝わる英語」が大切です。

みなさん、こんにちは。デイビッド・セインです。

みなさんに質問があります。日常英語とビジネス英語、その最大の違いは何だと思いますか?

その違いは、表現などの間違いをどこまで許容してくれるか、という部分だと私は思います。
日常英語は、少しくらい間違えても、正直に言ってしまえば大丈夫。
相手もあなたの英語を理解しようとしてくれることが多いので
ニュアンスがわかれば、あなたの言いたいことは伝わります。

でも、ビジネス英語となるとそうはいきません。あなたが接するのは、
説得しなければならない相手だったり、
交渉しなければならない相手だったり、
言い訳しなければならない相手だったり。

そう、ちゃんと自分の意図を伝えないと、大きな誤解を生んだり、
時にはビジネスで大損害を被ることもあるのです。

日本に来て25年、これまでたくさんの日本人の英語を見てきました。
英会話講師として、今もたくさんの日本人と接しています。

そこで日々思うこと、それは、日本人の英語は、
正確に伝えようとするあまり、逆に言いたいことが伝わりにくかったり、
曲がって伝わってしまったり、そういうことが、よくあります。

本書では英語のネイティブとして、
多くの日本人の英語に接してきたからわかる、
日本人が間違いやすい、誤解しやすいビジネス英語や、
知っていると役立つ活用頻度の高い、
使える表現を私なりに集めました。

ぜひカバンやバッグ、ポケットに入れ、
時間があるときには、ペラペラとめくってください。
そしてビジネス英語を自分のものにしてください！

仕事ができるのに英語ができないため評価されない
そんな、残念な人にならないために
本書を最大限活用してください！

Good luck!

デイビッド・セイン

CONTENTS

はじめに ……………………………………………………………… 2
本書の使い方 ………………………………………………………… 5

Chapter 1　朝の出社 ……………………………………………… 6

Chapter 2　上司と部下のコミュニケーション ……………… 16

Chapter 3　仕事を進める ………………………………………… 38

Chapter 4　お礼と謝罪 …………………………………………… 86

Chapter 5　交流する ……………………………………………… 106

Chapter 6　会議 …………………………………………………… 118

Chapter 7　電話を受ける ………………………………………… 126

Chapter 8　電話を掛ける ………………………………………… 142

Chapter 9　お客様を迎える ……………………………………… 164

Chapter 10　お客様を訪問する …………………………………… 186

Chapter 11　帰る …………………………………………………… 214

本書の使い方

● チャプターごとにある「伝わりにくい表現・伝わる表現」では日本人がよく使ってしまう表現が、実はネイティブにはちゃんと伝わっていない例を挙げています。

 We need to talk.
お前と話がある。

 We need to talk about ... .
私たちは～について話をしなければならないな。

We need to talk は普通、上司が部下に対して使う、少々深刻な表現です。きちんと話しておかなければならないこと、例えば勤務上の注意、解雇などを告げるために呼び出すときの一般的な言い回しです。そのときは We need to talk about ... のように具体的な話題を入れたり、We need to talk sometime this week.「今週のどこかで少し話したい」のように、時間を曖昧にすることで、部下が受ける気持ちの負担をやわらげることができます。部下が上司に使うことはできませんので、きちんと覚えておきましょう。

goes well.
もしれないけど)。

I slept over.
寝ちゃった。

I overslept.
寝坊してしまった。

sleep over は「外泊する」という意味。Would you like to sleep over? は「ここで寝て、明家に帰ったら?」のように開こえ、異性に言うと、誘いの言葉と取られかねません。また sleep over を使うときは at ... 「…の家で」ときちんと言わないと「彼女の家に泊まったん?」と思われています。いらぬ誤解を避けるために不用意な言葉は慎みたいものです。「寝過ごした」と言うなら、overslept。理由を述べるときの言葉は正確であいたいものです。

● 「伝わる表現」では、各表現に解説やチェック欄も付いているので、覚えた表現にチェックを入れてみたり、よく使う表現にチェックを入れてみましょう。

chapter 1
朝の出社

Good morning.
おはようございます。

 Hi.
おはようございます。

Hello. が正式な言い方で、そのカジュアル版が Hi. だと思っている人も少なくないようですが、ネイティブに、そのような使い分けはありません。ただし、Hello. と言われたら Hello. と答え、Hi. と呼びかけられたら Hi. で答える。このような**オウム返しのあいさつはスマートではない**のです。Hello. と言われたら、Hi. で返し、Hi. と言われたら Hello. で返す。それがネイティブ流のあいさつの基本です。

 I hope everything goes well.
万事うまくいくようにな（ま、無理かもしれないけど）。

 I'm sure everything will go well.
大丈夫。万事うまくいきますよ。

I hope ... と言えば、相手を力付ける明るい言い回しだと思えるかもしれませんが、実はネイティブの耳には、**「まあ、無理かもしれないけど」という前置きがあるように聞こえてしまうこともあります**。これでは元気を出しようがありません。I hope の代わりに I'm sure everything will go well. と言ってみましょう。あなたの相手への「確信」が伝わるはずです。

We need to talk.
お前と話がある。

 We need to talk about … .
私たちは〜について話をしなければならないね。

We need to talk.は普通、上司が部下に対して使う、少々深刻な表現です。きちんと話しておかなければならないこと、例えば勤務上の注意、解雇などを告げるために呼び出すときの一般的な言い回しです。そのときはWe need to talk about … のように具体的な話題を入れたり、We need to talk sometime this week.「今週のどこかで少し話をしたい」のように、時間を曖昧にすることで、部下が受ける気持ちの負担をやわらかくすることができます。**部下が上司に使うことはできませんので**、きちんと覚えておきましょう。

 I slept over.
寝ちゃった。

 I overslept.
寝坊してしまった。

sleep overは「外泊する」という意味。Would you like to sleep over? は「ここで寝て、朝家に帰ったら?」のように聞こえ、異性に言うと、誘いの言葉と取られかねません。またsleep over を使うときはat … 「…の家で」ときちんと言わないと「彼女の家に泊まった?」と思われてしまいます。いらぬ誤解を避けるために不用意な言葉は慎みたいものです。「寝過ごした」と言うなら、overslept。理由を述べるときの言葉は正確でありたいものです。

chapter 1　伝わる表現

朝のあいさつ

☐ おはようございます、スティーブンソンさん。

Hello, Stevenson-san.

＊名前をつければ、よりフレンドリーなあいさつになります。

Point

あいさつ

外部の人に対してはたとえ上司であろうと、社内の人間の苗字に敬称をつけないことは日本人の共通認識です。しかし、ネイティブは部下を叱責するような場合以外は、敬称なしで苗字を呼ぶことはあまりありません。ネイティブはビジネスでも、ファースト・ネームでお互いを呼び合います。相手に対してはStevenson-san、自分が呼ばれるときはTanaka-san のように -san を使うことで呼びやすくなるはずです。

☐ 調子はどう?（元気?）

**How ya' doing?
(How are you doing?)**

＊相手の状況を尋ねる言葉。立派なあいさつです。教科書英語のHow are you? よりもお互いの距離を近づける言い方です。

☐ 今朝はいかがですか?

How are you this morning?

＊ごく一般的な朝のあいさつです。このあいさつに答えるなら、Not bad.「元気です」(とてもポジティブなとき)、Just getting by.「まあ何とかやっています」(あまり元気のないとき)、Not too bad.「まあまあです」(控え目な表現)のように自分の調子に合った答えを選びましょう。オウム返しのI'm fine. は避けましょう。

☐ 昨日は飲みすぎで二日酔いです。

I have a hangover from drinking too much yesterday.

＊hangover from drinking too muchは「飲み過ぎによる二日酔い」という意味です。

☐ 昨日の会食はどうでしたか?

How was dinner last night?

＊食事の様子を聞きたいというよりもあいさつのひとつというニュアンスの表現です。

☐ 休みは何をやっていましたか?

What did you do on your day off?

＊特に具体的な内容を尋ねるというよりも、休み明けの人へのあいさつ代わりといった感じのひと言です。

chapter 1 伝わる表現

> **Point**
>
> ## HelloとHi
>
> Hi. はHello. のカジュアルな言い方だと思っている人も少なくないようですが、実際にはネイティブにそういった意識はありません。実は、この二つの表現はセットで使われることが多いのです。相手がHello. とあいさつしてきたら、こちらはHi. と答える。逆に、相手がHi. とあいさつしてきたら、こちらはHello. といった具合に、相手と違った答え方をするのがネイティブ流。ネイティブの感覚では、Hello. をHello. で返したり、Hi. をHi. で返すというのは、なんだかとても変なことなのです。

仕事をスタートします

☐ よろしくお願いします。

Let's give it our best today.

＊「よろしくお願いします」はビジネスの場では定番のあいさつ。どんな場面でも使えるこの日本語に相当する英語はありませんが、その場に合わせて英語を使い分けましょう。「今日も全力を尽くしましょう」が直訳です。

☐ よい一日にしましょう。

Let's have a good day.

＊類似表現に、Let's work hard today.「今日も頑張りましょう」などがあります。

打ち合わせや商談に向かう人にひと声

☐ いってらっしゃい。

Good luck.

＊日本語の「いただきます」「ごちそうさま」のように、その場面場面に対応する言葉は英語にはありません。「いってらっしゃい」も同じです。

☐ いってらっしゃい。

See you later.

＊プライベートでもビジネスの場でも柔軟に使えるのはこのフレーズでしょう。

☐ 運転に気をつけてくださいね。

Drive safely.

＊車で出かける人には是非かけたいひと言がこれです。「無事でありますように」という気持ちを込めましょう。

chapter 1 朝の出社

chapter 1　伝わる表現

Point

丁寧が最善？

外国語を話すのは気を遣うものです。文化の違う相手に失礼があってはいけないと思い、慎重に言葉を選ぶことが多いのではないでしょうか。でも、英語の知識が浅い人の悪気のないミスであれば、それはネイティブにとっては許容範囲です。

また、ネイティブは「丁寧な・礼儀正しい」ことを、「冷たい・他人行儀な」と感じることがあることを覚えておきましょう。真っ白な角封筒に入ったpolite letterと言えば、実は「不採用通知」のこと。つまりpoliteには「冷たい・形式的な」そんなニュアンスもあるのです。間違いを恐れるあまり、多少の距離を置いてもpolite でありたいと考える日本人がいるのもうなずけます。しかし、それでは、人間関係をスムーズに前に進めることはできません。ネイティブがクライアントであったり、上司である場合、彼らはあまりにpolite にされることを居心地よく感じません。むしろfriendlyであることの方がずっと好まれるのです。

遅刻の理由を述べる

☐ 急用がありまして。

Something came up.

* come up は「発生する」「起きる」という意味。「ちょっと急用がありまして」と切り出すときの一般的なフレーズです。

□ 電車が遅れまして。

The trains were delayed.

* be delayed は「遅れる」の意味です。

□ 人身事故で電車が止まりまして。

Someone was killed on the tracks, so the trains stopped.

*「線路で人が死んで電車が止まったんです」が直訳です。

□ すみません、寝過ごしました。

Sorry, I slept late.

* sleep late は「朝寝坊する」という意味です。

□ 目覚ましが聞こえなかったんです。

I didn't hear my alarm clock go off.

* go off は「(警報機や目覚ましのアラームが) 鳴り出す」の意味です。

chapter 2

上司と部下の
コミュニケーション

Excuse me, sir. / Excuse me, ma'am.
（知っている人に対して）おいお前！／おい、なんだお前。

 ## Excuse me.
失礼します。

Excuse me, sir./ Excuse me, ma'am.「失礼ですが」は、何かうやうやしい執事が出てきそうな雰囲気。丁寧な呼びかけですが、実は場所や場面によって色々な意味合いを含んでいるフレーズなのです。ホテルやお店などでは、お客様に敬意を表す呼びかけですが、その他の場合、あまり歓迎される言葉ではありません。**怒りを抑えて、丁寧な言葉で叱責する**ことは日本語にもあることです。そんなニュアンスだと思ってください。大切な会議に遅刻してきた部下に対して"Excuse me, sir. What time do you think it is?"と言えば、「おいお前、いったい何時だと思っているんだ」という意味合いになります。

 ## What do you mean?
ということは?

 ## Specifically?
具体的に言うと?

「それはどういう意味ですか?」のつもりで What do you mean? と言うと、「それってどういう意味?」「というのは?」という**怒りの表現**になってしまいます。もう少し具体的に説明をしてほしいときはSpecifically?「具体的に言うと?」、Like what?「例えば?」、Tell me more.「詳しく教えて下さい」のように言うとよいでしょう。もちろん、語尾を上げるのを忘れずに。言葉の意味を尋ねるときは What do you mean by quota?「quotaとはどういう意味ですか?」のように by ... で具体的に聞きたいことを言いましょう。

（予定を尋ねられて、今は時間がないとき）

I don't have time.
あんたのための時間なんかないよ。

I don't have time right now. How about 4:00?
今はあまり時間がありません。4時でどうですか?

誰かがあなたと話をしたいとき、いつも期待に応えてあげられるとは限りません。断るときこそ、相手の気持ちを傷つけないような心配りが必要です。
I don't have time.「時間がありません」では**あまりにストレート**で「あなたと話す時間なんてない」と受け取られてしまう可能性もあります。I don't have time today.「今日はちょっと時間がありません」もよいでしょう。しかし、一歩先を行くビジネスパーソンはそれだけでは終わりません。さらに、提案をするのです。How about 4:00 tomorrow?「明日の4時ではどうですか?」。ただ断られるより、相手はずっとよい気持ちになれるはずです。

Don't trouble me.
俺に迷惑かけるんじゃねえよ。

Don't trouble yourself.
私のことは気にしなくていいですよ。

Don't trouble me. は「私に迷惑をかけないで」ということ。「私に面倒なことは持ち込まないで」といったニュアンスになってしまいます。そんなことを言えば、人間関係に傷がつくかもしれません。**trouble oneself は「心を痛める」「やきもきする」の意味。**すなわち「どうぞお気遣いなく」「お構いなく」といったニュアンスのひとことです。Don't trouble yourself. の他に Don't let me trouble you.「迷惑をかけたくないんです」もOKです。

What's your opinion?
（あまり参考にならないと思うけど）あなたはどう思う?

 What do you think about this?
この件についてどうお考えですか?

日本人がopinionという言葉にもつイメージと、ネイティブがもつイメージは少々異なります。日本人は「しっかりした意見」というイメージをもち、ネイティブは「思いつきの意見」「あまり確固としていない意見」というイメージをもちます。そのためWhat's your opinion? と聞かれると、ネイティブは、**実は自分の意見が最初から、それほど重要ではないと言われているようで**、なんとなく抵抗を感じるものです。This is my opinion. は、自分の意見を堂々と述べるというよりも「ちょっと意見を申し上げますが」というニュアンスで、自分の意見に対して謙虚であることが感じられます。

 If you do well on the project, you'll get a bonus.
もし君がプロジェクトをうまくこなせたらね、ボーナスを出すよ。

 When you do well on the project, you'll get a bonus.
君がプロジェクトをうまくこなせば、ボーナスを出すよ。

if が when に変わっているだけですが、それだけでネガティブだった表現をポジティブな表現に変えることができます。**if という言葉には、物事が実現する可能性が半々という意味が含まれる**ので、心の内では、プロジェクトがうまくいくかどうか半信半疑に思っているということになります。これを when に変えるだけで、自分は将来その出来事が起こる（ここではプロジェクトが成功する）と考えている、というポジティブなメッセージを相手に伝えることができます。

Why don't you deal with this?
この件はあなたがさっさと片づけてしまえばどうですか？

 Why don't you be in charge of this?
この件はあなたが担当したらどうでしょうか？

「対処する」を deal with と訳す日本人が多いのですが、実はこの **deal with には前向きではないニュアンスがあります**。というより否定的な意味合いが強いと言った方がよいかもしれません。「さっさと片づけてしまう」といったニュアンスがあるため、前向きな気持ちで言うのであれば、deal with は避けた方が無難です。

 You did a good job, but you need to do better.
いい仕事をしてくれたね。でももっとうまくやるべきだね。

 You did a good job. Let's talk about how you can continue to improve.
いい仕事をしてくれたね。君がもっとうまくやれる方法を話し合おう。

褒めたあとすぐに but という接続詞で話を批判に変えてしまう人が多いようです。しかし、これでは子供に向かって「テストは頑張ったけど、もっと点が取れるだろう」と言っているのと変わりません。こう言われた子供はやる気がでるでしょうか？　子供は褒められたのではなく、叱られたと思いこんでしまうでしょう。もし、**相手を褒めることが目的ならば、後ろに but をつなぐことは禁物**です。褒めるだけに留めておきましょう。

chapter 2　伝わる表現

上司と話す

☐ この案件の判断をお願いしたいのですが。

I'd like you to make a decision about this.

＊I'd は I wouldのこと。would like ... to は「…に〜してほしい」ということ。I want you to ... に比べ、丁寧な言い方です。

☐ 明日、休みをもらってもいいですか?

Do you think I could take tomorrow off?

＊許可を求める言い回しです。Could I take tomorrow off? は間違いではありませんが、ややストレートです。Do you think ... をつけることで、丁寧さと相手に判断を委ねる気持ちが出ます。「私が明日休みを取ることはできると思いますか」が直訳です。

☐ 決裁印をお願いします。

Could I get your approval stamp on this?
Could you sign off on this?

＊sign off on は「(署名して) 〜を認める、承認する」の意味です。

☐ 1時間ほど打ち合わせの時間をいただけないでしょうか?

Could I have an hour of your time?

＊英文には「打ち合わせ」に対応する言葉が入っていませんが、この質問から、1時間ほど打ち合わせのための時間が欲しいということはきちんと伝わります。

☐ 明日までにこの資料を作っておいてもらえないか。

Would you mind finishing this material by tomorrow?

*Would you mind ... ing は丁寧な依頼表現です。mind「嫌だと思う、気にする」という意味。finishing this material by tomorrowを嫌だと思うかどうかを尋ねているわけですから、承諾するのであれば、答えは Yes.(嫌だと思う)ではなく No.(嫌だと思わない)になります。

☐ 企画書を月曜日の5時までに提出してくれ。

I'd like to get a proposal from you by Monday at 5:00.

*「月曜日の5時までにあなたから企画書を受け取りたい」が直訳です。「出せ」という命令のニュアンスを避けた穏やかな依頼です。

☐ 家族が怪我をしたので、早退させてください。

A family member got hurt, so I need to leave early.

* need to ... は「…する必要がある」ということ。これは「希望や願い」というより客観的に考えて「帰る義務がある」ことを示唆しています。I have to ... は「…しなくてはならない」で、これは個人の「帰りたい」という気持ちを表わしています。

☐ 失礼します、すみません。

Excuse me.

*上司に話しかけるときの言い方です。

chapter 2　伝わる表現

☐　ちょっとお時間よろしいですか?

Could you give me a few minutes?

＊類似表現に Do you have a moment?「お手すきですか?」などがあります。

☐　ちょっとお話があります。

I need to talk to you about something.

＊上司に対しても使える比較的丁寧な声かけです。「あることについてお話する必要があります」が直訳です。

☐　ちょっとお話があります（深刻な話）。

We have to talk.

＊ 話題が深刻であることを示唆するひと言。上司はそれなりの心構えをして話を聞こうとするでしょう。それほど深刻でない場合は、避けたい表現です。

☐　折り入ってご相談したいことがあるのですが。

I have a big favor to ask.
Could you give me some advice?

＊何かをお願いするとき、尋ねたいときは I have a favor to ask. が使えます。favor に big や special をつければ、「折り入って」のニュアンスが出ます。Could you give me some advice? で「何かアドバイスをいただけますか」という1文になります。

☐ ちょっとだけ時間ある?

Do you have a minute?
Could you spare me a minute?

＊ spare は今や日本語として日常会話にもよく出てくる言葉です。「スペアキー」「スペアタイヤ」のスペアは「予備の」という形容詞ですが、動詞になると「(時間などを) 割く」「とっておく」という意味になります。

☐ ちょっと相談にのってくれる?

Could you help me with something?

＊ Could you ...? は非常に幅広く使える依頼の定番表現です。

☐ お忙しいところ恐縮ですが…

I know you're busy, but ...

＊相手がどんなに忙しそうでも話かけなければならないときもあります。申し訳ない気持ちを表わしてから話しかけましょう。

☐ 申し訳ありませんが …していただけますか?

I hate to trouble you, but would you ...?

＊「お手を煩わせたくはないのですが」とひと言添えましょう。申し訳ないと思っているあなたの気持ちは分かってもらえるはずです。
I hate to trouble you, but would you read through my proposal?
「申し訳ありませんが、私の企画書に目を通していただけますでしょうか?」のように使えます。

chapter 2 伝わる表現

☐ あのー、お忙しそうですね。

Um ... You look busy ...

＊「お忙しそうですね」のひと言を加えることで、相手はあなたが恐縮している気持ちを汲んでくれるはずです。

☐ 仕事を片づけてからすぐに行きます。

I'll finish here and be right there.

＊「こっちを片づけてから、そちらにすぐ行きます」が直訳です。

Point

依頼の表現

人に何かを依頼するときの状況は様々です。例えば、「ちょっと窓を開けて」程度のお願いに、If you don't mind, would you open the window?「もし、さしつかえなければ、窓を開けていただけますでしょうか」のようなあまりに丁寧な表現は、逆に場違いで不自然な感じがします。そんなときは、気軽にCan you open the window? とかCould you open the window? と言えばいいでしょう。

また丁寧過ぎる依頼表現の問題点は、相手が断りにくくなったり、押しつけがましさが出てしまうことです。相手が断ることができる余地を残した表現をするのがいいでしょう。ただ、丁寧さを失わないことも大切です。その両方を兼ね備えた依頼文がCould you ...? です。どんな状況にも使える無難な依頼の表現です。

□ すぐに行きます。

I'll be right there.

＊上司に電話で呼び出されたとき、「はい、ただいま」「すぐに参ります」と答えるときの言い方です。

□ ちょっと来てくれないか?

Would you mind coming with me?

＊類似表現に I need you in my office.「私の部屋に顔を出してくれるかな」Come with me. I need to talk to you.「ついて来てくれ。話がある」などがあります。

□ 時間ができたら、私の部屋に顔を出してくれないか。

Could you see me in my office when you get a moment?

＊when you get a moment は「時間ができたら」「時間があるときに」という意味です。

□ ちょっと忙しいので…。

I'm kind of busy right now.

＊kind of ... は「いくらか」「ちょっと」という意味で、I'm busy. と断定的に言うよりずっとやわらかな印象になります。類似表現に I don't have much time now.「今はあまり時間がありません」などがあります。

chapter 2　伝わる表現

助力を申し出る

☐ プレゼンの準備、手伝いましょうか?

Should I help you with your presentation?

＊should には「義務」など、いろいろな意味がありますが、この should は「提案」を表わし、Should I ...? で「…をしましょうか」という丁寧な提案になります。

☐ クライアントには、私も一緒に行きましょうか?

Do you want me to go with you to see the client?

＊「クライアントに会うのに、私に一緒に行って欲しいですか?」が直訳。

☐ バイク便で出しておきましょうか?

I can send it by bike express, if you'd like.

＊「バイク便で出せますよ、もしよろしければ」すなわち「バイク便で出しておきましょうか?」という意味になります。

☐ 宅急便を取りに行ってきましょうか?

Should I go pick up the express-delivery package?

＊宅急便は英語で言うと delivery service、overnight delivery service などですが、よく使われているのが、国際宅配便の会社 Fedex です。これは固有名詞ですが、今では、一般名詞として使われることもあります。

☐ 残業食、買ってきましょうか?

Would you like me to get you something to eat?

＊「残業食」に相当する英語はありません。「何か食べるものを買ってきましょうか?」が自然な英語になります。残業食を直訳して work-overtime meal と言っても通じないでしょう。

☐ 飲み物をお客さんに出しますか?

Would you like me to get the guest something to drink?

＊飲み物というと a drink が思い浮かびますが、これは「お酒」のニュアンスの強い言葉です。お茶やコーヒーなどを表わす飲み物は something to drink になります。

☐ その案件、私がネットで調べておきましょうか?

Maybe I could check it out on the Internet?

＊ check it out は決まり文句で「調べる、確認する、見に行く」のように幅広く使われます。Let's check out that bookshop. で「その本屋に何があるか見に行きましょう」となります。

☐ 何かお手伝いしましょうか?

Do you need a hand?

＊この hand は「手助け」の意味です。「どうかなさいました?」という意味で、困っている人に助力を申し出るときの一般的なフレーズです。

chapter 2　伝わる表現

☐ お手伝いしましょうか?

Would you like some help?

*類似表現に、Is there something I can do?「私に何かできることはありますか?」などがあります。

☐ なんなりとお申しつけください。
（できることがあったら、何でも言ってください）。

Let me know if there's anything I can do.

* Let me know ... は、「…を教えてください」という意味です。

☐ 遠慮せずに何でも言ってください。

Don't hesitate to ask for help.

* hesitate は「遠慮する」「ためらう」という意味です。

申し出を受ける

☐ ありがとう。これでどうにか締め切りに間に合いそうだ。

Thanks. Now I'll be able to meet the deadline.

* meet the deadline で「締め切りに間に合う」という意味です。

□ ありがとう。では、よろしくお願いします。

Thanks a lot. That would be a big help.

*この場合の「よろしくお願いします」は相手の申し出に対する返答です。直訳すれば「それは大きな助けになるでしょう」という意味。すなわち「とても助かります」ということ。big よりも更に大きい huge や enormous を使うことでもっと大きな感謝の気持ちを表わすことができます。

□ ありがとう。あまり無理はしないでいいからね。

Thanks, but don't go out of your way.

* go out of one's way は「自分のやり方からはずれる」すなわち「わざわざ〜する」「尽力する」の意味になります。

□ それは助かります。

That's really kind of you.

*親切な申し出を喜んで受けるときの一般的なフレーズです。「どうもご親切に」「それはありがたい」という意味です。That's so kind of you. もよく使われるフレーズです。

□ それはありがたい。

I appreciate that.

* appreciate は「感謝する」「ありがたく思う」の意味。Thanks などより感謝の気持ちが強いニュアンスがありますが、ネイティブもそれほど意識して使い分けてはいません。

chapter 2 伝わる表現

☐ ありがとう、助かるよ。

Thank you. You're so helpful.

＊helpful は「助けになる」という意味です。

☐ ありがとう。恩に着ます。

Thanks, you're a lifesaver.

＊lifesaver は文字通り「救い主」「命の恩人」といった意味です。少々大げさな言い方ですが、ビジネスシーンでも、冗談まじりによく使われるひと言です。

申し出を断る

☐ 今は結構です。

Maybe later.

＊「たぶん後で」が直訳。助力の申し出を断るフレーズですが、Maybe later ということで、「後でお願いすることになるかもしれません」という含みを残したフレーズになります。ただ断るよりも、相手にとってはずっと気持ちのよい表現になります。類似表現に I'll be okay today. 「今日は大丈夫です」などがあります。

☐ ありがとう、でも今回はいいや。

Thanks, but no thanks.

＊これはカジュアル過ぎる表現です。ちょっと軽い言い方ですので、真面目な場面では避けた方が無難でしょう。

☐ 手は足りています。

Thanks, but we have enough help here.

＊「ありがたいですが、こちらは十分に人手があります」が直訳です。断る前に必ず、Thanks, but ... のひと言をつけるのを忘れずに。こうしておけば、本当に助力を必要としているときに、相手はまた気持ちよく申し出てくれるでしょう。

☐ いや、大丈夫です。

No, it's okay.

＊類似表現に No, we're okay. などがあります。

☐ なんとかなりそうですので。

I can manage.

＊manage は「なんとかする」「やりくりする」「なんとかやりとげる」といった意味です。丁寧なフレーズではなく、状況によっては、「自分で何とかするよ」とすねたニュアンスになります。その目的を分かったうえで使うのであれば、かまいません。

☐ どうかお気遣いなさらずに。

I don't want to bother you.

＊「面倒をおかけしたくありません」が直訳です。心から断っているというより、「ご迷惑をおかけするのは申し訳ありません」という遠慮を表わす言い回しです。

chapter 2 伝わる表現

☐ こっちは大丈夫です。

I'm all right.

＊「今のままで大丈夫」というソフトな断り方になります。

☐ お気遣いありがとうございます。
でもどうかお気になさらずに。

I appreciate the offer, but don't worry about it.

＊「お申し出には感謝いたしますが、お気遣いのないように」が直訳です。

☐ いいえ大丈夫です。お気遣いありがとうございます。

No, but thanks for the offer.

＊「大丈夫です。お申し出いただきありがとうございました」が直訳です。

指示をあおぐ

☐ クライアントからこういう依頼がきているのですが、どうしましょうか？

We have this request from a client. What do you think?

＊ request の代わりに demand を使うこともできますが、demand の方が、響きが強く、絶対条件のようなニュアンスになります。

☐ このトラブルにどう対処したらいいでしょうか?

How can we take care of this problem?

＊ take care of ... はとても便利な言葉です。ものごとを「処理する」「対応する」「引き受ける」から人の「面倒をみる」「世話をする」まで非常に守備範囲が広く、ビジネスでも使い勝手のよい言葉です。

☐ 2つの予定が重なってしまっていますが、どちらを優先しますか?

We're double-booked. Which one is more important?

＊ double-bookは重複して予約を受けること。triple-book という表現もあります。

☐ 営業部の山田さんが無理難題を言っているのですが…。

Yamada-san in sales is making an impossible request.

＊ impossible request「不可能な要求」すなわち「無理難題」。このように訳しにくい日本語は意味を考え、柔軟に対処しましょう。

☐ この書類の決裁者は社長でしょうか?

Does this document require the president's approval?

＊ approval は「許可、承認」という意味です。

chapter 2 伝わる表現

☐ この書類を人事部にまわしてもらっていいですか?

Could you give this file to HR?

＊ HR = human resource department「人事部」の意味です。

☐ どうお考えですか?

What do you think?

＊類似表現に、What are your thoughts?「あなたの考えは?」などがあります。

☐ どういたしましょう?

What do you suggest?

＊ suggest は「提案する」「勧める」という意味です。「あなたなら何を提案しますか?」が直訳です。類似表現に、What should we do?「どうしたらいいでしょうか?」などがあります。

☐ お任せします。

I'll leave it up to you.

＊ leave it up to ... で「…にすべて任せる」「…にゆだねる」という意味になります。

☐ 何か提案は?

Any suggestions?

＊類似表現に、Any ideas on this?「この件で何か考えは?」などがあります。

☐ 具体的には?（もっと詳しく聞きたい）

Specifically?

＊ specifically は「具体的に言うと」という意味です。

☐ この件に対処してくれますか。

I'll let you handle this.

＊ handle は本来「手で持って何かをする」という意味ですが、それが「切り盛りする」という意味になりました。問題などを handle するのは「対処する」という意味になります。

☐ この件はあなたが担当したらどうですか?

Why don't you be in charge of this?

＊Why don't you ...? は「…したらどうですか?」「…した方がよいですよ」の意味。

☐ 念のため確認してみます。

I'll check, just to make sure.

＊ I'll check. だけでも「確認いたします」という意味になります。just to make sure をつけると「念のため」「確実にするために」といった意味合いが加わります。類似表現に、I'll double-check.「再確認します」などがあります。

☐ 何かあるといけないので、再確認します。

Just in case, I'll double-check.

＊ just in case は「万が一に備えて」という意味です。

chapter 3
仕事を進める

Everything's going to be fine.

伝わりにくい表現
Can you overwork tonight?
今夜はへとへとにさせられる?

伝わる表現
Could you do some overtime work tonight?
今夜残業してもらえるかな?

work overtime と overwork では大違い。overwork は他動詞で「〜を過度に働かせる」「酷使する」「へとへとにさせる」という意味で、名詞として使えば「過労」「働き過ぎ」。残業を頼むのなら、伝わる表現のほかに、I need you to do some overtime work today.「今日は残業をしてもらわないといけないんだ」を使えば、より強い言い方になります。

伝わりにくい表現
Give me a break.
かんべんしてよ!

伝わる表現
Could you give me a break?
少しお休みしていいですか?

「ちょっとここらで、ブレイクしない?」などのように、日本語となって日常でも頻繁に使われる **break** は「中断」「休息」「小休止」の意味があります。じゃあ Give me a break.「ここでお休みください」で間違いないんじゃないかと思うかもしれません。ところが、Give me a break. の意味は、「かんべんしてくれよ」なのです。これはこれで使い道のあるフレーズですが、休憩が欲しいのであれば、Could you give me a break? あるいは Could I have a break? と言ってお願いしてみましょう。

伝わりにくい表現

Help me.
助けて〜！

伝わる表現

Could you give me a hand?
ちょっと手伝ってもらえますか？

「きゃー、助けて！」と言わなければならない場面に出合うことはなかなかありませんが、街角で強盗に襲われたときのような**生死にかかわる問題が勃発したときは、大きな声で助けを呼びましょう**。そんな時に使うのが Help me. です。もちろん、日常会話でも使えます。ビジネスシーンでこの表現を使うと自分の能力のなさを強調してしまいます。I need a hand. Give me a hand. などもよいでしょう。また I lost my passport, and I don't have any money.「パスポートをなくしてしまいました。それにお金も持っていません」のような深刻な事情で助けを求める場合は Could you help me? と言います。give someone a hand は「〜を手伝う」という意味です。

伝わりにくい表現

Could you buy my tickets?
私が持っている切符を買ってくれる？

伝わる表現

Could you arrange my tickets?
切符を手配してくれるかな？

飛行機、新幹線など、乗り物を手配するのは arrange、依頼をするのであれば Could you arrange my tickets? または、I need you to get me a ticket.「切符を手配してくれ」もよいでしょう。「私は君に私の切符を手に入れてもらう必要がある」が直訳。Could you buy my tickets?「私の切符、買ってくれる？」は何だかよさそうな気もしますが、「自分が持っている切符を、あなた買ってくれる？」と言っているように誤解されることもあります。buy を使うのであれば、Could you buy my tickets for me? のように for me をつければハッキリします。

伝わりにくい表現 **The copy paper is out.**
コピー紙は外出中だぞ。

伝わる表現 **Could you get some paper for the copy machine?**
コピー機に紙を補充しておいてくれないか。

get ... for は、「〜に…を補充する、確保する、調達する」という意味です。Could you get some copy paper? でもOKです。また「用紙切れである」は、out of ...「…を切らしている」「…がなくなっている」を使って We're out of paper. と言います。「コピー機の紙が切れている」はThe copy machine's out of paper.と言うことができます。The paper is out. にすると「コピー紙は外出中だ」になってしまいます。My husband is out.「夫は外出中です」と同じ感じですね。

・・・

（何かを頼まれたとき）

伝わりにくい表現 **Anything for you.**
何なりとおっしゃってください。

伝わる表現 **No problem.**
お安い御用です。

Anything for you.「何でも言ってください」ですが、**特に女子社員が男性の上司にこう言うと、性的な関係を匂わすことになる場合があります**。気心の知れた友人関係であれば、とても気持ちのよい言葉になりますが、ビジネスの場では使わない方が無難でしょう。どんな場面でもすっきり使えるのが No problem.「お安い御用です」「おまかせください」。仕事を気持ちよく引き受けるときのフレーズです。これを聞けば、頼んだ人もひと安心でしょう。

伝わりにくい表現
Could you order me?
（ご主人さま）私に命令してください。

伝わる表現
Could you order me some business cards?
名刺を注文しておいてくれないか。

欧米などでは必要のない名刺を、来日前に準備しているビジネスパーソンも増え、ますます名刺の存在が重要になってきています。「名刺」は普通 business card と言われていますが、name card でもOKです。I'm almost out of business cards. Could you re-order them for me?「名刺が切れそうだ。追加注文してくれないか?」のような言い方もよいですね。伝わりにくい英語 Could you order me? は何が悪いのでしょうか?「私に命令してください」を日常で使うと、どうもSMのマゾのように聞こえてしまいます。ビジネスで **order + 人という形はまず使いません。**

・・・・・・・・・・・・・・・・・・・・・・・・・・・・・・・・・・・・・

（上司に出張の同行を打診されたとき）
伝わりにくい表現
I'll do it if I have time.
まあ、無理だと思うけど、行ってやってもいい。

伝わる表現
I'll arrange my schedule.
都合をつけます。

上司の商談に同行するのをよいチャンスと捉えるのであれば、気持ちよい返事を返したいものです。arrange one's schedule は「予定を調整する」「予定をやりくりする」という意味です。if I have time もし時間があれば、というあまりに具体性のない条件付きでは、**あなたのやる気はまるで見えません。**「まあね、無理でしょうけど」という断りの返答として受け取られても仕方がないでしょう。

伝わりにくい表現

（上司から仕事の念をおされて）
I know that.
（言われなくても）それくらい分かっていますよ。

伝わる表現

Oh, thanks.
はい、分かりました。

Oh, thanks. この場合、「念を押してもらってありがとうございました」という気持ちが受け取れます。Thanks. に Oh, をつけることで、発言に柔らかさを与えています。このような場面で言ってはならないのは、「それくらいは分かっています」ということ。I know that.「言われなくても分かっています」「余計な心配ですよ」と念を押した人の気持ちが萎えるような言葉はご法度です。I know.「分かっています」は率直な返事と受け取られるでしょうが、**短い言葉こそ言い方が大切です**。感情のこもっていないフラットな言い方ではあなたの率直な気持ちが伝わりません。明るく前向きな態度が短い言葉をバックアップします。

伝わりにくい表現

（上司からプロジェクトなどに指名されたとき）
I'll try.
（無理でしょうけど）一応はやってみます。

伝わる表現

I won't let you down.
がっかりさせませんよ。

せっかくやる気があるのに、その気持ちを伝える言葉の選択を誤ることほどつまらないことはありません。I'll try. **「やってみます」は実は決してポジティブな発言ではないのです**。「まあ、結果はよく分かりませんが、一応はやってみましょう」というかなり後ろ向きな発言です。I'll do my best.「ベストを尽くします」、I won't let you down.「失望させませんよ」「がっかりさせませんよ」と言われた相手は安心し、期待感を持つでしょう。let down は「期待に背く」「がっかりさせる」という意味です。

伝わりにくい表現: **Why me?**
何で俺になるわけ?

伝わる表現: **I'd like to, but … .**
そうしたいのですが、ちょっと…。

絶対に断りたいと思っていても、無用な感情のすれ違いは避けたいものです。Why me? は Why do you have to ask me?「どうして私に頼まなくてはならないんですか?」や Why do you always ask me?「どうしていつも私に頼むんですか?」を短くした言い方。I'd like to, but … は、たとえ結果がどうであろうと、一度は「そうしたい気持ちがある」ことを伝えています。その後に相手が納得できる理由を述べましょう。I'd like to, but I have to finish this project by 5:00.「そうしたいのですが、5時までにこのプロジェクトを終えなければなりません」のように伝えれば、断られた相手にとってもずっと気持ちのよい断りになるでしょう。

伝わりにくい表現: **That's impossible.**
無理!無理!

伝わる表現: **That's not possible.**
むずかしいですね。

That's impossible. は「無理です」「不可能です」と、断るときのキッパリ感があります。「無理!無理!」という感情的な拒否に聞こえる可能性もあります。上司やお客さまには避けたい言い方です。一方、That's not possible.「むずかしいですね」(直訳は「可能ではありません」)は冷静でおさえた言い方に聞こえます。例えば、**difficult「むずかしい」を not easy「簡単ではない」と言い換えることでずっと柔らかく聞こえるようになります。**このように少しの工夫で直接的な摩擦を避けましょう。

伝わりにくい表現: **Do you agree?**
賛成? 反対? どっち?

伝わる表現: **Would you agree?**
賛成できそうですか?

人に賛意を問うときに大切なことは、**相手が正直に答えられるような雰囲気をつくることです**。Do you agree? のようにあまりにストレートな質問は、相手に Yes/No しか選択肢がないような気持ちにさせます。これをソフトにするにはWould you agree?「賛成できそうですか?」。これは Would you happen to agree?「もしかして賛成する?」のような意味になります。そう質問されたら、相手を無理に Yes/No で答えなくてもいいような雰囲気にさせることができます。agree は「同意する」「賛成する」という意味です。agree with ... で「…に賛成する」「…に同意する」という意味になります。

伝わりにくい表現: **I generally agree with you.**
たいていの場合あなたに同意します。

伝わる表現: **I basically agree with you.**
基本的に同意します。

ビジネスの場では、賛成・反対の立場は正しく伝えなければならないシーンもよくあります。I generally agree with you. の generally「だいたい」は、あなたの言っていることの「おおよその部分」という意味ではなく、「通常」「普通」という意味です。すなわち、「あなたと意見交換したら10回のうち8回くらいはあなたに同意します」という意味になります。I have some reservations, but I basically agree with you.「疑問な点もありますが、基本的にはいいと思います」というような言い方もできます。reservation は「疑問点」「条件」という意味です。

伝わりにくい表現: Let's break.
今日はここまで。

伝わる表現: Let's take a break.
ちょっと休憩しましょう。

break は「休憩」として日本でもよく使われている言葉ですが、英語で「休憩をとる」と言うときは take a break のように break を名詞として使います。**break を動詞として使うと、「中断する」「断ち切る」「終わらせる」のような意味になり** Let's break. と言えば、「今日はここまで」という意味になり、Let's break here for today.「今日はここまでで終わりにしましょう」となります。言い間違えるとさっさと帰り支度を始める人が出てきそうですね。

伝わりにくい表現: Friday is my off day.
金曜日はいつも調子が悪いです。

伝わる表現: I'm off on Fridays.
金曜日はいつも休みです。

形容詞として使う off には多くの意味があります。**「外れて」「非番の」以外に「調子がよくない」という意味もあります**。my off day は「私の調子が悪い日」ということ。I had an off day yesterday. と言えば「昨日は調子が悪かった」になります。 be off なら「休む」。 I'm off next week.「来週は休みます」、I'm off all day tomorrow.「明日は一日中休みます」のように自然な表現になります。

chapter 3　伝わる表現

仕事の指示を出す

☐ これ、やっといてもらえないかな?

Do you think you could do this?

＊「これ、やれると思いますか?」が直訳です。丁寧な依頼文になります。

☐ 今週中に、終わらせておいて。

Make sure you finish by the end of this week.

＊ make sure は「必ず〜する」という意味です。命令文ではありますが、命令をしているというよりも「確認する」気持ちが強い文になります。

☐ 頼んだ仕事、締め切り過ぎてるので、急かしておいてくれる?

The deadline is past on that job. Could you encourage everyone to hurry?

＊ deadline は「締め切り」という意味。encourage ... to で「…に〜するように促す、仕向ける」という意味になります。

☐ 領収書をもらっておいてください。

Get the receipt.

＊「領収書」はreceipt です。Get ...「…をもらっておくように」という言い回しは、さまざまなビジネスシーンで活用できます。例えば、Get the change.「おつりをもらっておくように」、Get the coupon.「クーポン券をもらっておくように」といった具合です。

☐ より具体的に話していだだけますか?

Could you be more specific?

* specificは「明確な」「具体的な」という意味です。

☐ これに目を通しておいてください。

Look this over.

* look ... over で「…にざっと目を通す」「…にひと通り目を通す」といった意味になります。

☐ 見積もりを作ってくれませんか?

Can you give me an estimate?

*見積もりを頼むときの一般的なフレーズです。「見積もり」は an estimate でOKです。

☐ 今夜残業してもらえるかな?

Can you work late tonight?

*「残業をする」は work late、または work overtime でもOKです。

☐ 内訳を出してください。

Give me a breakdown.

*「…を出して見せてくれ」と人に指示するときには、Give me ... といった簡単な表現をよく使います。費用などの「内訳」は breakdownです。

chapter 3
仕事を進める

chapter 3 伝わる表現

Point

アメリカの残業事情

アメリカでは、残業手当は通常の時給の1.5倍と法律で定められています。そのため、管理職に就いていない一般の従業員にとって、残業はさほど嫌なことではないようです。サービス残業などということになれば、アメリカではすぐに裁判ざたになってしまうこともあり、アメリカの企業では、極力残業をなくすようにするのが普通です。従業員を残業させて1.5倍の給料を払うくらいなら、従業員を増やしたほうがよっぽど安上がりなのです。

☐ 結果を報告してください。

Give me a report on the results.

＊give me a report on ... で「…について報告する」という意味です。

☐ 結果を教えてください。

Tell me the results.

＊結果が明らかに一つであってもネイティブは results とする傾向がありますが、result と言っても間違いではありません。

☐ ちょっと手伝ってください。

I need a hand.

＊この hand は「助力」「手伝い」といった意味です。

☐ 円満に解決してください。

Try not to make waves.

* Try not to ... で「…しないように努力しなさい」という意味になります。make waves は「波風を立てる」の意味です。「へたに波風を立てるなよ」「円満に解決しなさい」といったニュアンスです。

☐ 騒ぎを起こさないでください。

Don't stir things up.

* stir things up は「騒ぎを起こす」の意味です。Let sleeping dogs lie. 直訳すると「眠っている犬を起こすな」です。日本語では、「触らぬ神にたたりなし」に近いでしょう。

☐ すぐに始めてください。

Do this right away.

* right away は「すぐに、直ちに」という意味です。特に命令というよりは依頼しているニュアンスです。

☐ 君に任せるよ。

I'll leave it up to you.

* leave ... up to で「…を（だれだれ）に任せる」という意味になります。

☐ この件を君に担当してもらいたい。

I need you to be in charge of this.

* be in charge of ... は「…を任されている」「…を担当している」の意味です。

chapter 3 伝わる表現

☐ 任せるから、好きにやってくれ。

It's your baby.

＊「それはあなたの赤ちゃんだ」が直訳です。つまり「あなたが管理するものだから、口出しはしない」「私はとやかく言わない」といったニュアンスです。

☐ 前もって知らせてください。

Let me know ahead of time.

＊ ahead of time は「前もって」という意味です。

☐ 菓子折のひとつも持っていくように。

Why don't you take a box of cakes with you?

＊「菓子折」は a box of cakes でOKです。Why don't you ...? は「…でもしたらどうですか？」のように何かを提案するときの言い方です。

☐ 内々にやりなさい。

Settle this among yourselves.

＊ settle ... among yourselves で「あなたたちで解決する」「内部だけで処理する」という意味になります。

☐ 先方に打診してみてくれ。

Ask the client about this.

＊「打診する」は意向をさぐることなので ask で対応できます。「先方」はお客さまのことなので client でOKです。

☐ 経費削減を心がけるように。

Try to reduce expenses.

＊「…するよう心がけなさい」と指示を出すときにはTry to ... という言い方をよくします。reduce expenses は「費用を削減する」の意味です。cut expenses でもOKです。

☐ コピー紙は裏まで使うように。

Make sure you copy on both sides of the paper.

＊ Make sure ... は「必ず…するように」と念を押すときの表現です。on both sides of the paper は「紙の両面を」という意味です。

☐ コピー紙は両面を使うようにしてください。

Try to use both the front and the back of the copy paper.

＊ try to ... には「まだ…していないが（ひとまず）やってみる」というニュアンスもあります。Try to use ...で「ひとまず…を使ってみてくれ」という意味になります。

雑用を頼む

☐ 西田さんにメールを送っておいてください。

Could you email Nishida-san?

＊この場合の email は「emailを送信する、出す」という動詞です。

chapter 3　伝わる表現

☐　月曜日に、中山さんと打ち合わせの予定を取って
　　おいてください。

Could you arrange a meeting with Nakayama-san on Monday?

＊「中山さんとの打ち合わせを手配してもらえますか?」が直訳です。

☐　切符を手配してくれないでしょうか。

Could you arrange my tickets?

＊乗り物などの切符の手配を頼むときには、arrange「～を手配する」を使ってCould you arrange ...? という言い方をします。Could you ...? は人にものを頼むときの一般的なフレーズで、カジュアルでもなく丁寧すぎるということもないので、さまざまな状況で使えます。

☐　車を呼んでおいてください。

Could you get me a taxi?

＊「タクシーを呼んでくれないか?」が直訳です。get someone a taxi で「～にタクシーを呼ぶ」という意味です。

☐　コピー機に用紙を補充しておいてください。

Could you get some paper for the copy machine?

＊get some paper for ... で「…に紙を補充する」という意味になります。get some copy paperもOKです。

☐ 車を正面に回しておいてほしいのですが。

I need you to send a taxi around front.

＊I need you to ...「あなたに…して欲しい」は would like you to ... に比べると強い依頼文になります。

☐ これを速達で出してください。

Could you send this by express?

＊「速達で」は by express でOKです。

☐ ニューヨークへ速達で出してほしいのだが。

I need you to express this to New York.
I need you to send this by express mail to New York.

＊express と言えば「急行列車」「至急便」「速達」などを表わす名詞を思い浮かべますが、「至急便（急行便）で送る」という動詞もあります。また「(翌日到着するように) 夜間輸送をする」overnight を動詞として代わりに使うこともできます。「夜間輸送する」は DHL や Fedex で送ることを意味します。

☐ 名刺を注文しておいてください。

Could you order me some business cards?

＊「名刺」は普通 business card と言われていますが、name card でもOKです。また、状況が分かる場合なら Could you order some new cards for me? でもよいでしょう。

chapter 3　伝わる表現

☐ これを投函してもらえないでしょうか?

Could you drop this in the mailbox?

* drop ... in the mailbox で「…をポストに入れる」という意味になります。

☐ シュレッダーにかけてくれ。

Put it in the shredder.

*「シュレッダー」はそのまま shredder でOKです。類似表現に Run it through the shredder. という表現もあります。

☐ ABC社のブラウンさんに、この前のお礼の手紙を出しておいてくれ。

I'd like you to send a thank-you letter to Mr. Brown at ABC.

*「お礼状」は thank-you letter でOKです。

☐ これをファックスしてください。

Could you fax this?

* fax は「ファックスを送る」という意味で、動詞としても使えます。

☐ 5部コピーをとってくれますか?

Could you make five copies?

*「コピーをとる」は make copies で、「…のコピー」と言いたいのであれば copies of ... と表現します。

☐ ABCのブラウンさんによろしく言っておいてください。

Could you give my regards to Mr. Brown at ABC?

＊give one's regards to ... で「…によろしく言う」という意味になります。

☐ これをABC社の社長宛てにファックスしてください。

Could you fax this to the president of ABC?

＊ Could you fax this to ...? で「これを…宛てにファックスしてもらえるか?」という意味になります。「…社の社長」は the president of ... (会社名) でOKです。

☐ 宅急便を送ってくれ。

Send this by express delivery, would you?

＊ Would you send this by express delivery? の変形。こうするとよりカジュアルな言い回しになります。「宅急便」は express delivery service、または express delivery といいます。

☐ 明日の午前必着で送ってくれ。

Make sure it can be delivered tomorrow in the morning.

＊「必ず明日の朝に配達されるようにしてくれ」が直訳です。

chapter 3 仕事を進める

chapter 3 伝わる表現

☐ 明日の朝一番で届くようにしてほしいんだ。

I need it to arrive first thing tomorrow morning.

* first thing は「まず第一に」「真っ先に」という意味です。

☐ 大急ぎで届けたいんだ。バイク便で送ってくれ。

I'm in a big hurry. Send it by bike express.

*「バイク便で…を送る」は send ... by bike express と表現します。

☐ バイク便で送らないと間に合わないぞ。

It won't get there on time if we don't send it by bike.

* on time は「時間通りに」「予定通りに」という意味です。

☐ これを着払いの宅急便でABC社に送ってくれ。

I need you to send this pay-on-delivery (POD) to ABC.

* POD は pay-on-delivery で「着払いの配達」という意味です。

☐ お茶をいれてください。

Could you serve the clients some tea, please?

＊この serve は「(食べ物や飲み物を)出す」「給仕する」の意味です。

☐ コーヒーを一杯いただけませんか?

Can I have a cup of coffee?

＊ Can I have ...? は「…をいただけますか?」の意味です。

Point

お茶を入れるのは誰?

日本では、お客様が来ると、女性社員がお茶を持ってくるケースが今でも多いようです。しかし、アメリカではいつも同じ女子社員がお茶当番のように扱われることが雇用契約にないのであれば、法律的な問題になる可能性があります。そもそも、アメリカではお客様にお茶を出すという習慣がありません。また長時間の会議などでは、各種飲み物をテーブルの上に準備してあります。Please help yourself. 「どうぞご自由に」と言われて、各自が自由に好きなものを自分で取って行くのです。

chapter 3 伝わる表現

了承する

□ 了解しました。結果が出たらすぐ教えてください。

I see. Let me know when you get the results.

＊I see.「分かりました」「状況が見えた」という意味です。

□ お安い御用です。

No problem.

＊仕事を快く引き受けるときの一般的なフレーズです。「お安い御用です」「まかせといてください」といったニュアンスです。

□ もちろんいいですよ。

Of course.

＊類似表現に Sure. などがあります。

□ 了解。

Okay.

＊一番多く使われるのが、Okay. これ以外にも、All right. Got it. I understand. I see. などいろいろな「了解」があります。

☐ ええ、まかせといてください。

Yeah, no problem.

* yeah は柔らかな yes です。カジュアル過ぎず、例え上司であっても問題なく使えるひと言です。

☐ はい、よろこんで。

I'll be happy to.

* 「to …をしたら、幸せになるでしょう」すなわち「喜んでやらせてもらいます」という意味です。

☐ なんとかなるでしょう。

Somehow, things will work out.
I'm sure it'll be okay.

* work out は「なんとかなる」「うまくいく」という意味です。

☐ なんとかしてやってみます。

One way or another, we'll get it done.
I'll find some way to do it.

* one way or another は「なんとかして」「いずれにせよ」の意味です。

☐ すぐに対処します。

I'll take care of it right away.

* right away は「ただちに」という意味です。

chapter3 伝わる表現

□ 大変そうですが、なんとかします。

It won't be easy, but somehow we'll do it.

* somehow は「どうにか」という意味があります。例えば、We have to increase sales somehow.「どうにかして売り上げを上げる必要があります」のように必死さが伝わる単語です。

□ すぐに始めます。

I'll get to it.
I'll get right to it.

* get to は「(仕事などを) 始める」という意味です。

□ 予定をもう一度調整してみます。

I'll try to rearrange my schedule.

* rearrange は「再調整する」という意味です。

□ 承知しています。

Yes, I know.

*類似表現に、Okay, thanks.「わかりました」などがあります。

□ 最善を尽くします。

I'll do my best.

* do one's best で「最善を尽くす」「ベストを尽くす」の意味です。

☐ 都合をつけます。

I'll arrange my schedule.

＊arrange one's schedule で「都合をつける」「予定をやりくりする」という意味になります。Could you arrange your schedule?「都合をつけてもらえますか?」といった言い方もできます。

☐ 全力でのぞみます。

I'll give it my all.
I'll give it a 100 percent.

＊「100％の力をささげる」、つまり「全力をささげる」「全力で挑む」という意味です。

☐ 期待を裏切らないように頑張ります。

I won't let you down.

＊won't は「絶対〜ない」という強い意志を表します。

しぶしぶ引き受ける

☐ どうしてもとおっしゃるなら。

I will if I have to.

＊乗り気でない仕事をしぶしぶ引き受けるときの言い方です。頼まれたことを引き受けたくない気持ちがあからさまに伝わる反抗的な表現なので使うときはよく注意した方がよいでしょう。

chapter 3　伝わる表現

□　どうしてもですか?

Do I have a choice?

＊「選択肢はありますか?」が直訳です。「やらなきゃだめなの?」のようなニュアンスで反抗的な表現です。

返事を保留する

□　少し考えさせてください。

Can I have some time to think about this?

＊「少し考える時間をもらえますか?」が直訳です。返事を一度保留するときの一般的なフレーズです。

□　一晩考えさせてもらっていいですか?

Can I sleep on it?

＊ sleep on ... は「…を一晩寝て考える」という意味です。

□　よく考えさせてください。

I need some time to think this over.

＊「単に考えてみます」という曖昧な返事ではなく、「考える時間が必要です」という言い方には、あなたが真剣に考えようとしている気持ちが表れています。

☐ 今の時点ではなんとも言えません。

I can't say anything right now.

*「今はなにも言うことはできません」が直訳です。

☐ まだなんとも言えません。

I don't know yet.

*「まだわかりません」が直訳です。

指示されたことを断る

☐ 申し訳ありませんが、できません。

I'm afraid I can't.

* I'm afraid ... とすると、「残念ながら」「申し訳ありませんが」「あいにく」「恐縮ですが」といった意味合いが加わります。I'm afraid I won't be able to. でもよいでしょう。

☐ そうしたいのはやまやまですが、できません。

I'd like to, but I can't.

*断られるのは誰にとっても気持ちのいいものではありません。I'd like to「そうしたいのはやまやまですが」というひと言をつけ加えることで相手の気持ちはずっと和らぎます。相手の立場を考えたひと言でしょう。

chapter 3 伝わる表現

☐ こっちの仕事をいったん中断しなければならないのですか?

Should I put this other job on hold for now?

＊put ... on hold は「…を保留にする」という意味。この場合の Should I ...? は「義務」を表わします。「しなければならないですか?」ということ。

☐ 無理です。

That's not possible.

＊impossible にはとても強いニュアンスがありますが、not possible と言うと、ずっと柔らかくなります。「断る」ことが変わらないのであれば、相手に嫌な思いをさせずに断りたいものです。

☐ 他に頼める人はいないんですか?

Isn't there anyone else you could ask?

＊Is there anyone else you could ask? は特別な感情が入っていない言い方ですが、Isn't there anyone else you could ask? は少し感情的に聞こえ、自分が困っていることが相手に伝わる表現になっています。

☐ お言葉を返すようですが、…。

I don't mean to disagree, but ….

＊「異議を唱えるつもりはないのですが」が直訳です。このように前置きすることで、多少柔らかい言い方になります。「お言葉ですが」「お言葉を返すようですが」といったニュアンスです。

- [ ] こっちの仕事より重要なんですか?

Does that have priority over this job?

*have priority over ... は「…よりも優先する」という意味です。

- [ ] あまり期待しないでください。

Don't hold your breath (until it happens).

*hold one's breath は「(期待して)かたずをのんで待つ」の意味です。

- [ ] 絶対にできません。

When pigs fly.

*「豚が空を飛んだらね」が直訳。「絶対にできないことだ」「そんなことは不可能だ」といったニュアンスの皮肉まじりの表現です。

- [ ] 他の人に頼んでください。

Could you ask someone else?

*someone else は「誰か他の人」「自分以外の人」の意味です。

意見を求める

- [ ] あなたの意見は?

What are your feelings on this?

*この場合の feelings は「感情」というよりも「意見」に近い意味です。

chapter 3 伝わる表現

□ 賛成ですか?

Would you agree?

* Do you agree?「賛成しますか」は Yes か No かをハッキリ求めている強いニュアンスがありますが、Would you agree? にすると、「もしかして賛成しますか」という柔らかさがあり、答える方にも大きなプレッシャーを感じさせずにすみます。

□ …についてどう思われますか?

What do you think about …?

*人に意見を求めるときの一般的なフレーズです。What do you think about e-commerce?「電子商取引についてどう思われますか?」といった具合に使います。

□ …に関するお考えは?

What's your thinking on …?

* What's your opinion on …? という表現もありますが、opinion という単語には「思いつきの意見」のようなニュアンスがあり、場合によっては失礼に聞こえるかもしれません。

意見を述べる

□ 私はA案でいきたいと思います。

I'm behind Plan A.

* behind は「賛成して」「支持して」という意味です。

☐ 賛成です。

I agree.

＊「賛成」「そのとおり」「異議なし」といったニュアンスです。他には、I agree with Maeda-san.「前田さんの意見に賛成です」などの表現もあります。

☐ 同感。

I couldn't say it better.

＊「それより上手に言えない」が直訳です。つまり「同感」「賛成」といったニュアンスです。類似表現に、I feel the same way.「私も同じように感じています」などがあります。

☐ 悪くないね。

Not bad.

＊ネイティブが好んで使う Not bad. にはネガティブな気持ちはありません。むしろ前向きな気持ちがあります。「悪くないね」「いいんじゃない?」。

☐ ご提案には賛成できません。

I don't agree with your proposal.

＊反対する、反対意見を言うときに気をつけたいのが、反対する対象はあくまであなたの提案やあなたの意見などであって、決してあなた個人ではないことです。I don't agree with you. と I don't agree with your proposal. では、ずっと印象が違います。 I'm afraid「残念ですが」のようなフレーズを入れると、かなり柔らかなニュアンスになります。

chapter 3 伝わる表現

□ なかなかいいんじゃないか。

That's not a bad idea at all.

＊「ぜんぜん悪いアイデアではない」が直訳です。

□ 疑問な点もありますが、基本的には賛成です。

I have some reservations, but I basically agree with you.

＊「多少の条件はありますが」ということで、基本的には賛成であるということ。賛意の方が強い言い回しです。

□ まあいいと思います。

I agree, I guess.

＊ I guess は「〜と思います」「まあ、賛成かな」といった感じ。積極的に賛成しているわけではありません。

□ あなたは間違っていると思います。

I think you're wrong.

＊ You're wrong. は強い表現です。I think をつけることにより、「これは私個人の考えですが」というニュアンスを与え、きつさを回避しています。

□ 私の意見は違います。

I have a different opinion.

＊ different opinion は「違う意見」「別の意見」という意味です。

☐ この点に関しては意見が合いません。

We disagree on this point.

＊disagree on ... は「…について意見が一致しない」という意味です。

☐ 考えておきます。

I'll have to think about it.

＊意見をすぐに言わずに、いったん保留するときの最も一般的なフレーズです。I'll have to think this over.「もうちょっとよく考えてみないと」でもOKです。

仕事の進行状況を報告する

☐ 社長がこのプロジェクトをほめてくれました。

The president had some good words for this project.

＊have good words for ... で「…をほめる」という意味です。

☐ トーマス部長からOKをもらいました。

I got the okay from Mr. Thomas.

＊okay は approval「了承、許可」のこと。get the okay は「許可を得る」「了承される」という意味です。

chapter 3 伝わる表現

□ 今のところ順調です。

Everything's going well so far.

＊Everything's going well.「すべて順調にいっています」に so far をつけることで「今のところは」「現段階では」といった意味合いが加わります。

□ ご心配なく。

Nothing to worry about here.

＊There is nothing to worry about here. を略した形です。どちらもよく使うので、略した形と略さない形をセットで覚えておきましょう。「心配するようなことはなにもない」が直訳です。

□ 予定どおりです。

We're on schedule.

＊on schedule は「予定どおり」の意味です。類似表現に、Everything's running smoothly.「すべて順調です」などがあります。

□ すべてうまくいきますよ。

Everything's going to be fine.

＊心配している相手を安心させるためのひと言。

□ 着々と進んでいます。

Slowly but surely.

＊もともとは We are progressing slowly but surely. ですが、日常的に略して使われています。slowly は「ゆっくりと」、surely は「着実に」の意味です。

— 72 —

□ 準備万端です。

We're all set to go.

＊all set は「すっかり準備ができて」という意味です。この go は単に「行く」という意味ではなく、「始める」「開始する」「実行に移す」といった意味合いで使われています。

□ 最終的な確認をしています。

I'm doing a final check.

＊「最終的な確認」は final check でOK。

業績／結果を報告する

□ 昨年の2倍の売れ行きです。

Sales are twice the level of last year.

＊ twice as large as the level of last yearで、「昨年の2倍」という意味です。

□ 参加者は増える一方です。

The number of participants has increased steadily.

＊参加者は複数ですが、the number が単数であることに注意。したがって動詞は has です。

chapter 3 伝わる表現

□ 前年比10%ダウンです。

Sales are down 10 percent from a year ago.

* down は「(売り上げなどが) 落ち込んで」という形容詞です。

□ オープン以来、お客さんが行列しています。

There's been a line of customers since the opening.

* a line of customers は「お客さんの列」という意味です。customer は「会社やお店などの客」という意味です。

□ 売上は順調です。

Sales are strong.

* この strong は「好調な」という意味です。類似表現に Sales are brisk. があります。brisk は「活発な」「活況の」といった意味です。

□ 売上高は上がっています。

Our sales figures are up.

* sales figures は「売上高」の意味です。類似表現に、Sales are expanding. があります。

□ まだ終わったわけではありません。

It's not over until the fat lady sings.

*「太った女性が歌うまで (オペラ) は終わらない」が直訳です。

☐ 景気はいいです。

Business is good.

* good は少々控え目で謙遜した言い方に聞こえます。 excellent, great などでもOKです。

☐ 売上が落ち込んでいます。

Sales are down.

*類似表現に、Sales are falling.「売上は落ちています」などがあります。

☐ 交渉の余地はまだあります。

There's still room to talk.

*この room は「余地」「可能性」といった意味です。不可算名詞であることに注意してください。

問題を報告する

☐ B社のスティーブンさんからクレームが入っています。

We got a complaint from Mr. Steven at Company B.

*日本語で言うクレームは complaint です。claimは「主張する」「要求する」ということです。

chapter 3 仕事を進める

chapter 3　伝わる表現

☐　お客様から欠陥を指摘されました。

The client pointed out a defect.

* defect は「欠陥」「傷」という意味です。

☐　工期が遅れています。

The construction work is behind schedule.

* behind schedule は「予定より遅れている」ということ。反対は ahead of schedule「予定より早い」となります。

☐　為替の影響で損失がでました。

We lost money because of the exchange rate.

* lose money は「お金を失うこと」すなわち「損失が出る」ということ。because of ... は「…が原因で、理由で」という意味です。

☐　少々問題がございまして。

We have a slight problem.

* have a problem で「問題がある」「問題を抱えている」の意味です。とてもよく使うフレーズです。

☐　問題がありまして。

There's been a hitch.

* hitch は「思いがけない障害」「つまずき」という意味です。

☐ 手違いがありまして。

There was a misunderstanding.

＊misunderstanding は「考え違い」「誤解」の意味です。「なにやら手違いがあったようです」は Something went wrong. です。go wrong は「間違える」「物事がうまくいかない」の意味です。

☐ まだ先は長いです。

We still have a ways to go.

＊「まだ行くべき道があります」が直訳です。

☐ めどは立っていません。

There's still no light at the end of the tunnel.
We still can't see the light at the end of the tunnel.

＊「トンネルの出口はまだ見えてこない」と表現することで、「めどは立っていない」「先はまだ長い」といったことを伝えています。

☐ かいつまんで話しますと…。

In short ... .

＊「かいつまんで言えば」「手短に言えば」といった意味です。同意表現は他にいくつもありますが、これが最も一般的な言い方です。類似表現に、In a word ...「ひと言で言えば…」などがあります。

chapter 3　伝わる表現

外出する

☐ C社に行って、そのまま直帰します。

I'm going to Company C, and then I'll go straight home.

* straight は「真っすぐに」「そのまま」という意味です。
go straight home は「直帰する」「そのまま真っすぐ帰る」ということです。

☐ 今日は終日社外です。

I'll be out of the office all day.

* I'm going to be out of the office all day. でもOKです。

☐ 渋谷に立ち寄ります。

I'm going to make a stop in Shibuya.

* make a stop は「ちょっと寄る」という意味です。

☐ 営業に行ってきます！

I'm going out on sales.

*「〜に行ってきます」は、I'm going out for lunch.「ランチに行ってきます」I'm going out for a meeting.「打ち合わせに行ってきます」などいろいろな場面に使える言い回しです。

□ 1時までに戻ります。

I'll be back before 1:00.

＊I'll be back before ... で「…時までに戻ります」という意味になります。

□ 1時頃に戻ります。

I'll be back at around 1:00.

＊I'll be back at around ... で「…時頃に戻ります」という意味になります。

□ ABC社に行ってくるよ。長引くかもしれないな。

I'm going to ABC. I'll be there for a while.

＊for a while は「しばらく」「しばらくの間」という意味です。「しばらくの間あっちに行っている」が直訳です。

□ 今日はたぶん一日中ABC社にいるよ。

I'll be at ABC, probably for the rest of the day.

＊for the rest of the day は「その日の残り時間はずっと」の意味です。probably ということで断定を避けた表現です。

□ ちょっと出てくるよ。

I'm going to step out for a minute.

＊step out は「ちょっと外出する」という意味の表現です。類似表現に、I'll be right back.「すぐに戻るよ」などがあります。

chapter 3　伝わる表現

Point

I'll be back.とI shall return.の違いは?

I'll be back. は、アメリカ映画ファンならずとも知っている映画「ターミネーター」の中のシュワちゃんこと、アーノルド・シュワルツネッガーのあまりにも有名なセリフです。
I shall return.はGHQ最高司令官として1945年コーンパイプを片手に厚木基地に降り立ったダグラス・マッカーサーが太平洋戦争真っただ中、日本軍の激しい攻撃を前に、フィリピンの軍事基地から脱出するときに残した、これもまた有名なセリフです。日本語に直せば、両方とも「私は戻ってくる」ですが、英語が違っていることに気がつきます。まずI'll be back はI will be back. です。willには、例えば、I'll be 25 next year.「来年25歳になります」のように、本人の意思などは関係のない単純未来があります。同時にwill は「話し手の意志」を表わす助動詞でもあります。そこには「必ず戻って来る」という意志があります。シュワちゃんのI'll be back. がまさにそれです。マッカーサーのI shall return. こちらも訳せば「私は戻って来る」ですが、shallが持つ意味合いはwill とは違うものがあります。shall も主語がIであるときは単純未来として使われていますが、同時に「義務」や「強制」などを表わします。実際、憲法や法律、あるいは契約、規則などの正式文書ではwill よりshallの方がずっと多用され、「～するものとする」「～すべし」というように訳されています。また1人称で「意志」を示す場合、shall はwill に比べてはるかに強い意志や使命感があります。最後まで基地を死守するつもりであったにもかかわらず、大統領命令や様々な政治的背景から脱出を余儀なくされたマッカーサーは「決してここは放棄しない。必ず戻って来る」

という強い意志をこめてこの言葉を残したのでしょう。ビジネスの場でも、使命を帯びて職場から出かけて行く人がユーモアをこめて I shall return という言葉を残すのも、このフレーズにはこんな背景があるからでしょう。

□ 小一時間で戻る。

I'll be back within an hour.

* within an hour は「1時間以内で」という意味です。

□ 何かあったら携帯に電話してくれ。

If something comes up, call me on my mobile.

*「携帯電話」は mobile phone や cell phone と言いますが、日本語でも電話を省略して「携帯」と言うように英語でも phone を省略して mobile と言うのが普通です。

□ ちょっとおつかいに行ってきます。

I need to go out on some errands.

* go out on some errands で「お使いに出かける」という意味になります。errand は「用事」「お使い」の意味です。

chapter 3　伝わる表現

☐　上司に頼まれたお使いに行ってきます。

I need to run some errands for my boss.

＊run errands には「使いっぱしりをする」という意味があります。義務から行かなければならないというニュアンスの表現です。

☐　直帰させてもらってよろしいでしょうか?

Would it be all right if I went right home?

＊go right home で「まっすぐ家へ帰る」という意味になります。
went right home のように過去形になっているのは、仮定法で「もし帰ったとしても」という意味になります。

☐　オフィスに戻ったほうがいいですか、それともこのまま帰宅していいですか?

Do I need to go back to the office or can I go home from here?

＊上司と外出しているときなどに尋ねるひと言。

休憩に入る

☐　ランチに行かない?

How about going to lunch?

＊How about ... ing?「…しませんか?」で、カジュアルな場からビジネスまで幅広く使える、人を誘う表現です。

☐ 一服しませんか?

What about a smoke break?

* smoke break は「一服」の意味です。

☐ コーヒーブレイクの時間はあると思いますか?

Do you think we have time for a coffee break?

* coffee break「コーヒーブレイク」はコーヒーを飲むことに限らずに一般的な休憩を意味します。

☐ 一息入れよう。

Let's take a break.

* take a break で「一服する」「休憩する」といった意味になります。「一休みしよう」なら、Let's take a breather. です。breather は「小休止」の意味です。

☐ 休憩に入ります。

I'm going to take a break.

*「…してきます」は I'm going to ... でOKです。

☐ お昼に行ってきます。

I'm going out to lunch.

* go out to lunch で「お昼に行く」という意味です。

chapter 3　伝わる表現

休暇／早退を申し出る

☐ 身内に不幸がありまして。

A relative passed away.

＊ pass away は「亡くなる」という意味です。「親戚が亡くなったものですから」が直訳です。類似表現として、There's been a death in the family. と言ってもよいでしょう。

☐ 明日、お休みをいただきたいのですが。

I'd like to take tomorrow off.

＊ take tomorrow off で「明日仕事を休む」という意味になります。

☐ 明日休んでもいいですか?

Can I have tomorrow off?

＊ have tomorrow off は「明日を休みにする」という意味です。

☐ 1月10日から28日までお休みをいただきたいのですが。

If it's all right, I'd like to take from January 10th to the 28th off.

＊ If it's all right は「できたら」「よろしければ」といったニュアンスです。「できたら1月10日から28日までお休みをいただきたいのですが」の意味です。

☐ 日曜に出社したので、明日は代休にしたいのですが。

I worked on Sunday, so can I take tomorrow off?

＊「代休」を意味する単語は英語にはないため、説明的に言うしかありません。ここでは「日曜に出社したので、明日休んでもいいですか?」が直訳です。

☐ 日曜に出社するので、代わりに月曜日に休んでもいいですか?

I can work on Sunday, but can I take Monday off instead?

＊ instead は「…の代わりに」、Can I ... は許可を求める表現です。

☐ クリスマスに出社したので、明日休ませてもらってかまわないでしょうか?

I worked on Christmas, so do you mind if I take tomorrow off?

＊ Do you mind if I ... は「(私が)…をしてよいですか?」という意味で、許可を求める丁寧な表現です。

☐ 早退させてもらってよろしいでしょうか?

Would it be all right if I left early?

＊ Would it be all right if ...? は「…しても構いませんか?」という意味のフレーズです。leave early は「早退する」「早めに帰る」の意味です。

chapter 4
お礼と謝罪

My pleasure.

伝わりにくい表現　（お礼を言われたとき）
It's okay.
ま、いいよ。

伝わる表現
It's my pleasure.
どういたしまして。

お礼を言われたら、こちらも気持ちのよいひと言を返したいものです。It's my pleasure.「それは私の歓びです」、すなわち「どういたしまして」というフレーズを覚えておきましょう。「いえ、大丈夫ですよ」のつもりでIt's okay. と言うと、これはネイティブの耳には「ま、いいよ」「ま、いいか」「ま、許す」とちょっと上から目線のひと言に聞こえてしまいます。

伝わりにくい表現
I feel sorry for you.
あなたは可哀そうな人ですね。

伝わる表現
I'm sorry for troubling you.
迷惑をかけて申し訳ない。

ドラマや映画で、悪人に対して「何てあなたは可哀そうな人なんだ」と言う場面があります。「あなたは人間として、最低な人だ。私はそんなあなたに同情せざるをえないよ」という意味に近いのが I feel sorry for you.です。そんなつもりはちっともないのに、こんな風に聞こえてしまったら大変。しかし、この表現もI feel sorry for her. 「彼女を気の毒に思うよ」のように第三者に対して言うのであれば、問題はありません。迷惑かけたことをお詫びするフレーズとしてはI'm sorry for troubling you.「迷惑をかけて申し訳ない」とか I'm sorry this happened.「こんなことになって申し訳ない」などがお勧めです。

(大変な状況にいる人に)

伝わりにくい表現 ❌ **I know you're trouble.**

あなたが迷惑な人だと知っているよ。

伝わる表現 ⭕ **I know you're in a difficult position.**

あなたが難しい状況だということは分かっています。

人が trouble (名詞) である場合は「やっかい者」「悩みの種」という意味。この場合は「あなたが迷惑な人、やっかい者だということは分かっている」ということになります。また I know you're in trouble. ですが、in trouble は「ピンチに立っている」「トラブルのある状態で」という意味であり、「警察、上司などに怒られているのは分かっているよ」というように聞こえることもあります。一番ふさわしいのが I know you're in a difficult position. です。

(自信がなさそうな人を励ますとき)

伝わりにくい表現 ❌ **You'd better do well.**

上手くやらないと許さないよ！

伝わる表現 ⭕ **You'll do well.**

君のことだから上手くやれるでしょう。

had better には誤解がつきまとっているようです。「～した方がいい」というアドバイスの表現であると思っている人が多いようですが、それ以上に「**～した方が身のためだ**」「**～しないとまずいことになる**」**といった脅迫の意味があることをきちんと知っておきましょう**。あなたのアドバイスを誤解されないためにも You'd better ではなく Maybe you'd better ... を使いましょう。でも、人を励ますには You'll do well. が一番です。これには「君のことだから」というニュアンスが含まれています。

chapter 4 お礼と謝罪

(「おつかれさまでした」と言いたいとき)

伝わりにくい表現 ~~You look tired.~~

君にはこの仕事、難しいでしょうね。

伝わる表現 **You must be tired.**

色々大変でお疲れでしょう。

日本語は、「いただきます」「ごちそうさまでした」「ごくろうさま」「おつかれさま」のように、状況別にフレーズがきちんとある言語です。しかし、英語には、日本語に厳密に対応する言葉はありません。きっとお疲れだろうと察し、You look tired. などと言うのは、特に男性にとっては同情してもらったり、思いやってもらっているというより、**何だか小馬鹿にされているという印象**かもしれません。ここはそのまま、You must be tired. 「お疲れに違いありません」としましょう。すなわち「その仕事が大変だから、疲れるのはあたりまえですよね」というニュアンスになります。

(相手の話に相づちを打って)

伝わりにくい表現 ~~Yes, yes.~~

はい、はい、分かった、分かった、もううるさいよ。

伝わる表現 **Yeah…**

ま、そうだね。／そうですね。

日本語では、人の話を聞くとき、きちんと相手の目を見て「はい、はい」と相づちを打つのが普通です。黙って聞いていると「ちゃんと聞いているのか」と言われることもあります。だからと言って、**英語で Yes … Yes … と相づちを打つのは逆効果**。「分かった。分かった。(もうしつこいんだから)」という誤ったメッセージを送ることになってしまいます。また相手に了解を与えたとも取られかねません。Yes. にはそれだけの意味があるのです。その点もっとソフトな Yeah … は相づちとしては最適です。決してカジュアル過ぎず、ビジネスの場でも問題なく使えるひと言です。

伝わりにくい表現（相手がしたことを褒めるとき）

Good job.
やっちゃったね。

伝わる表現

Good job!
よくやった！

ネイティブのGood jobには2つの意味があります。「よくやった！」と相手をほめるとき。もうひとつは「派手な失敗やらかしたね」「やっちゃったね」と意地悪い皮肉をいうとき。特に、結果が芳しくない場合にGood job. と言われてその皮肉に気づかない人はいません。本当にほめたい、心からほめたい人は、元気よくGood job! と言ってあげましょう。くれぐれも暗く抑揚のない Good job. ではないように。

伝わりにくい表現

Good thinking.
よくその場で適切な行動をとりました。

伝わる表現

I like that idea.
それは正しいと思います。（それはそうですね）

Good thinking. は問題のないひと言のように感じますが、打ち合わせや、会議の場でGood thinking. と言うと微妙な空気が流れるかもしれません。同じ褒め言葉でも、Good thinking は困った状況で的確な判断に基づいて行動をとった人に対して使われる言葉です。例えば、顧客から無理難題をふっかけられて、何とかうまく切り抜けられた場合などです。その人が持つ考えを褒めるときはI like that idea.「それはそうですよね」「正しいと思います」、That makes a lot of sense. 「それはよく分かります」などがよいでしょう。

chapter 4　伝わる表現

礼を言う

□ 今度、おごるね。

It's my treat next time.

＊支払いを済ませてくれた相手に「次は僕のおごりだよ」のひと言です。treat はこの場合「おごる順番」のことです。

□ 助かったよ。（残業を手伝ってくれた同僚に）

You've been very helpful.

＊ helpful は「助けになる」「一助となる」の意味です。類似表現に、You've been a great help. Thank you for your help. などがあります。

□ 借りができたな。

I owe you one.

＊ owe は「〜に借りがある」「恩がある」という意味です。「あなたにはひとつ借りがある」が直訳です。類似表現に、Let me know if I can do something for you sometime. 「今度、ぼくにできることがあったら言ってよ」などがあります。

□ 君に足を向けて寝られないよ。

I take my hat off to you.

＊ take one's hat off to ... で「…には頭がさがる」「…に敬意を表する」といった意味になります。「足を向けて寝られない」と、感謝の気持ちを表したいならこの表現でしょう。

☐ 感謝してるよ。(同僚のサポートに)

I'm grateful to you.

＊be grateful は「感謝する」「ありがたく思う」という意味。

☐ 本当にお世話になりました。

You've done a lot for me.

＊You've done so much for me. のように言うこともあります。

礼に答える

☐ どういたしまして。

You're welcome.

＊類似表現に、It was nothing at all.「朝飯前です」などがあります。

☐ お役に立てて何よりです。

I'm glad I could help.

＊I'm glad ... で「…をうれしく思います」「…で何よりです」といった意味になります。

☐ またできることがあったらいつでも言ってください。

Please let me know if I can do anything else.

＊類似表現に、Anytime.「またいつでも言ってよ」などがあります。

chapter 4
お礼と謝罪

chapter 4　伝わる表現

☐ 礼にはおよびません。

Don't mention it.

*「いいえ、いいんですよ」「礼にはおよびません」「どういたしまして」といったニュアンス。礼を言われたり、謝罪されたときの受け答えとしてよく使われる表現です。

☐ 礼を言わなければならないのはこちらの方です。

I should be the one thanking you.

* I should be ... は後悔を表わす言い回しです。I should be more careful. であれば、「もっと気をつけなければいけなかったのに、気をつけなかった」という意味。I should be thanking you. は「こちらの方からお礼を言わなければならなかったのに、申し訳ない」といったニュアンス。

お詫びする

☐ 損失はすべて補填します。

I'll make up for the loss.

* make up for は「～を補う」「埋め合わせる」「償う」の意味です。

☐ 申し訳ございません。

I'm terribly sorry.

* terribly は really と同じような意味があり、両者を置き換えることができますが、terribly の方が上品な響きがあります。

□ 気持ちを入れ替えてこれから頑張ります。

I'm going to turn over a new leaf and do my best from now on.

＊ turn over a new leaf は「新しいページを開く」すなわち「気持ちを入れ替える」ということです。

□ 私のミスです。

My mistake.

＊ It's my mistake. を短くした言い方です。

□ このミスはすべて私に責任があります。

I'm totally responsible for this mistake.

＊ be totally responsible for ... で「…に対するすべての責任がある」という意味になります。

□ 私の責任です。

It's my responsibility.

＊ responsibility は「責任」「責務」という意味です。

□ 私が責任をとります。

I'll take the blame.

＊ take the blame for ... は「…に対する責任をとる」「責めを負う」の意味。

chapter 4　伝わる表現

☐　ご面倒をおかけしました。

I apologize for the trouble I've caused you.

＊「私があなたに対して起こしてしまった面倒をお詫びします」が直訳です。丁寧な言い方なので、ビジネスシーンでの謝罪には適した言い方です。

☐　わずらわせてしまってすみません。

Sorry for being a pain.

＊この pain は「不快な人（事）」「わずらわしい人（事）」といった意味です。類似表現に、Sorry for the trouble.「迷惑をおかけしました」などがあります。

☐　うっかりしてました。

I don't know what I was thinking.

＊重大ではないちょっとしたミスについて謝るときに言い添えるフレーズです。「自分がなにを考えていたか分からない」が直訳です。

☐　どうかしていました。

I must have lost my mind.

＊ must + have + 動詞の過去分詞は「～していたに違いない」という「過去の推量」を表わします。「正気を失っていたに違いない」が直訳。他の表現には What's wrong with me?「私としたことが」などもあります。

謝罪に答える・勇気づける

☐ もういいですよ。(謝罪する相手を気遣って)

Don't mention it.

＊「それを言わないでください」が直訳です。謝られたときの返答としてよく使われるフレーズです。類似表現に、It's okay.「別にいいですよ」などがあります。

☐ たいした事ないよ。

It's no big deal.

＊big deal は「たいした事」「大変な事」といった意味。「たいした事ないよ」「気にするなよ」のニュアンスです。

☐ 気にするな。

Forget it.

＊「忘れろよ」が直訳です。「気にするなよ」「別にいいよ」といったニュアンスです。部下や同僚がミスしたことをいつまでも気にしていた場合に励ましの言葉として使いましょう。

☐ よくあることさ。

This happens all the time.

＊all the time は「いつも」「しょっちゅう」という意味です。

chapter 4 伝わる表現

☐ 次で取り戻せばいいんだ。

You'll make up for it next time.

＊類似表現に、There's always a next time.「次だってあるから（大丈夫だよ）」などがあります。

☐ 心配するな。

Don't worry about it.

＊「心配するな」「くよくよするな」と励ますときの一般的なフレーズです。Don't sweat it. もよく使われるフレーズです。

☐ もう二度とするな。

Don't let it happen again.

＊類似表現に、Please be careful in the future.「これからは気をつけるように」や I'll give you one more chance.「もう一度だけチャンスをやろう」などがあります。

ねぎらいのひとこと

☐ やればできるじゃない。

You can do it!

＊ You can do it if you try.「もしやろうと思えば、できるじゃない」と言うこともできますが、「いつも君はやらないけど、やればできるじゃないか」というネガティブな響きになります。

☐ すごく成長したね。

Your work has really improved.

＊work は「仕事」というより「仕事ぶり」という意味になります。

☐ 今日もよくやってくれた。

You did a good job today.

＊これは、よい仕事をしてくれた人に対してだけでなく、ゴルフ、カラオケなど、遊びの場で活躍した人に対しても言えるほめ言葉です。

☐ 期待してるぞ！

I know I can count on you.

＊count on ... は「…に頼る」「…を当てにする」という意味です。

☐ 君なら大丈夫だ！

I know you'll do well.

＊I'm sure you'll do well. もOKです。

☐ ごくろうさま。

You must be tired.

＊英語には「ご苦労さま」に対応する厳密な表現はありませんが、You must be tired.「疲れたでしょう」のような相手を気遣うフレーズで代用できます。類似表現に、Thanks for your hard work today.「今日もごくろうさま」などがあります。

chapter 4　お礼と謝罪

chapter 4　伝わる表現

□ 忙しいところをすまなかったね。

I'm sorry for giving you more work.

＊「さらに仕事を頼んでしまってすまなかった」が直訳です。

□ 手間をかけてすまなかった。

I'm sorry for bothering you.

＊この bother は「面倒をかける」の意味。I'm sorry for ... ing で「…してすまなかった」という意味になります。類似表現に、I'm sorry for the trouble I've caused you.「迷惑をかけてすまなかった」などがあります。

□ 無理を言って悪かったね。

I'm sorry for not being more considerate.

＊「もっと思いやることができなくてすまなかった」が直訳。considerate は「察しのよい」「思いやりのある」という意味です。

□ 仕事には慣れたかね?

Are you getting used to your job?

＊ get used to ... で「…に慣れる」「…になじむ」の意味です。類似表現に、How do you like your job?「仕事はどうだね?」などがあります。

□ やっていけそうかね?

Are you going to make it?

＊ make it は「うまくいく」「なんとかする」という意味です。不安だらけの新入社員にかけてあげたいひと言です。

☐ 仕事には馴染めそう?

Do you think you're settling in okay?

* settle in okay は「うまく落ち着く」という意味です。仕事などにも使える表現です。

☐ ゆっくり休んで。

You deserve a rest.

* deserveは「〜に値する」「〜を受けるに足る」という意味です。「君は休むに値するよ」が直訳です。

理解を示す

☐ 確かに。

That's true.

*「確かに」「そのとおり」「まったくです」と、相手の言ったことに同意して相づちを打つときのひと言です。

☐ まさにそのとおり。

You hit the nail on the head.

*「釘の頭を打った」が直訳です。釘の小さな頭に正確にカナヅチを打つことの難しさから、「意見が的を射ている」「核心をついている」といった意味で使われるようになりました。類似表現に、Right. Right on.「そのとおり」などがあります。

chapter 4 伝わる表現

☐ なるほど。

I see.

＊「なるほど」「そうですか」といった意味です。類似表現に、Now I see.「そうなんですか」や Oh, okay.「ああ、わかりました」などがあります。

☐ 一理あるな。

You have a point.

＊この point は「要点」という意味で、have a point とすると「一理ある」「言えてる」といった意味になります。

☐ それもわからないことはないな。

There's some truth to that.

＊ There is some truth to ... で「…もわからないことはない」「…にも一理ある」という意味になります。

Point

相づち

相手の話に、関心を示すことは相手への心配りです。
心をこめた相づちは会話をスムーズに進める潤滑油のようなもの。日本人はやや相づちが多いので回数を抑え目に、Yeah. Ah-huh. I see. Right. を適度に織り交ぜてみましょう。

部下を褒める

☐ よくやってくれた。

You did a great job.

＊「すばらしい仕事をしてくれたね」が直訳です。相手を褒める気持ちがよく表れたひと言です。類似表現に、Good job! / Well done! / Good for you! などがあります。

☐ さすがだね。

You're amazing.

＊「たいしたもんだ」「さすがだね」といったニュアンスです。類似表現に、You were brilliant.「すばらしかった！」などがあります。

☐ 君ならやってくれると思っていたよ。

I knew you could do it.

＊部下を褒めるときの定番フレーズで、「さすがだね」にも近いニュアンスです。

☐ 面白いアイデアだ。

That's an interesting idea.

＊interesting を使って言い表すのが一般的です。

☐ なかなか良い考えだ。

Not bad.

＊類似表現に、Good idea.「良いアイデアだ」などがあります。

chapter 4 伝わる表現

☐ たいしたものだ。

That's really something.

* something には「重要なもの、人」「たいしたもの、人」といった意味があります。

☐ すばらしいアイデアだ!

What an outrageous idea!

*感嘆文を使ったちょっと大げさな言い方です。outrageous は「すばらしい」「みごとな」といった意味です。

☐ 昇進おめでとう。

Congratulations on your promotion.

* Congratulations on ... で「…おめでとう」という意味になります。congratulationsは必ず s をつけて複数にします。

☐ 頼りにしてるよ。

I'm counting on you.

*類似表現に、I need your help.「君の力が必要だ」などがあります。

☐ この調子で頑張ってくれ。

Keep up the good work.

* keep up は「(仕事などの) 水準を維持する」「落ち込ませない」という意味です。類似表現に、Keep it up.「そのまま続けてくれ」などがあります。

☐ いいぞ、その調子だ。

You're doing a great job.

＊「あなたはすばらしい仕事をしてくれている」が直訳です。

☐ お疲れさま。

It looks like you had a long day.

＊a long day で「（今日は色々なことがあって）長い1日」という意味です。この表現で「お疲れさま」というニュアンスになります。

☐ 今日もよくやってくれたね。

You did a good job today.

＊類似表現に、I appreciate your hard work.「よくがんばってくれて感謝してるよ」Thanks for all you did today.「今日はどうもありがとう」などがあります。

賛辞に答える

☐ 恐れ入ります。

Thank you for the compliment.

＊「お褒めいただきありがとうございます」が直訳です。「恐縮です」「恐れ入ります」といったニュアンスです。I appreciate the compliment. も同様です。

chapter 5
交流する

Let's do it.

(相手のスケジュールを確認したいとき)

伝わりにくい表現
Are you free?
今、暇?／何にもすることがないの?

伝わる表現
I need someone to enter this data. Are you free ?
誰かに入力してもらわないとならないんだけど、時間はありますか?

人のスケジュールを確認する場合、**いきなり Are you free? と聞くのはマナー違反**。相手のスケジュールを確認しなければならない理由を最初に言ってから、予定を尋ねましょう。Are you free? のように質問されても、どう答えたらよいのか迷ってしまいます。先に理由を言えば、相手もそれに応じて自分の予定を告げることができます。また Do you have any plans for tonight? と言えば「今夜、予定はありますか?」。明日のことを聞きたいときには、Do you have any plans for tomorrow? となります。

(誘われたが行けないとき)

伝わりにくい表現
I won't go.
絶対行かないからね。

伝わる表現
I can't go.
行きたいのですが、無理なんです。

won't は未来の否定形 will not とは違い、「絶対に〜しない」という強い気持ちを表しています。I won't marry you. は「(あなたが何を言ったって) 私はあなたとは結婚しません」という意味です。ですから**誘いを won't ... で断るにはよくよくの理由が必要です**。I won't go. と言えば、「何もそこまで拒絶しなくてもいいものを」と相手はショックを受けるかもしれません。そんなときは I can't go. これは「行きたいけど、行けないんです」というニュアンスを含んでいます。I'm sorry but ... をつければ、さらに印象がよくなります。

伝わりにくい表現（誘いを断るとき）
I am not interested.
私は興味ありませんね。

伝わる表現
I'm not interested.
私は興味がありません。

am という単語は、場合によっては反抗的な感じがします。日本の学校教育では、I am と I'm は基本的に同じ意味になると教わるのですが、実はそうでもないのです。実際には **I am と2語で表現すると、強く自己主張しているように聞こえ、I'm と短縮形で用いると落ち着いた普通の表現**に聞こえます。ですから、I am not interested. という文も、「反抗的」な感じが強く、だれかに向かって腹を立てながら、「俺はそんなことに興味なんてないからな」と話しているように響くのです。逆に、自分を強く主張したいときや、実際に腹を立てていることを表現しようとするのならば、I am という2語の形を使用するのもひとつの方法であると言えます。

伝わりにくい表現
Thank you very much.
ありがとうございます。

伝わる表現
Thank you for ….
…してくれてありがとう。

Thank you very much. は感謝の言葉としては不合格ではありません。でも、本当に感謝しているという気持ちを伝えるなら、**具体的に何に対して感謝しているのかを付け加えたほうがさらによい感謝の表現**になります。Thank you for helping me finish that report last week. 「先週は報告書を仕上げるのを手伝ってくれてありがとう」と言ったほうが、Thank you very much.「ありがとう」と言うよりも、とても丁寧で、グンと気持ちが伝わります。

chapter 5　伝わる表現

昼食に誘う

☐ 近くに中華料理屋ができたので、行きませんか?

How about the new Chinese restaurant near here?

＊How about going to the new Chinese restaurant ... からgoing toが省略された文です。このように動名詞（...ing）はよく省略されます。

☐ 昨日のランチは何でしたか?

What did you have for lunch yesterday?

＊これは友人同士や同僚同士の会話です。What did you eat for lunch yesterday? でもOKですが、eatは「ただ食べる」という意味になり、have は「楽しみながら食べる」という意味になります。eatを使うと医者が患者に食べたものを確認している言い方になります。

☐ あそこは、ランチセットがおいしいんですよ。

The lunch specials there are really good.

＊there はここでは「あそこのレストラン」のこと。They have great lunch specials. でもOKです。specialは「(レストランなどの)特別料理」「おすすめ」という意味です。

☐ お昼に行きませんか?

Would you like to go to lunch?

＊類似表現に、How about joining me for lunch?「昼でも一緒にどう?」などがあります。

☐ 昼でもどうだね?

How about lunch?

＊How about ...? は、何かを提案したり、気軽に誘うときの言い方です。さまざまな状況で使える便利な表現なので覚えておきましょう。How about a drink?「一杯どうだい?」、How about a movie?「映画なんてどう?」といった具合です。

上司を見送る／お供する

☐ いってらっしゃい。

Have a nice day.

＊英語には「いってらっしゃい」に相当する言葉はありません。
Have a nice day.（直訳すると「良い一日を」）は広く使える表現です。

☐ そこまでご一緒しましょう。

I'll go with you part way.

＊「そこまでご一緒に」と相手を見送ったり、途中まで同行するときの表現です。この表現は来客を見送る場合にも使えます。

☐ エレベーターまでお見送りします。

I'll see you off at the elevator.

＊ see ... off は「…を見送る」の意味。類似表現に、I'll see you off at the lobby.「ロビーまでお見送りします」などがあります。

chapter 5　伝わる表現

- 気をつけて。

  ## Take care.

  ＊「気をつけて」と言えば、Be careful. を思い浮かべる人もいるかもしれません。Take care. はこれから何かをする人にかける言葉であるのに対し、Be careful. は怪我をしたり、物を落としてしまった人に対して、「ほら、もっと気をつけないとだめじゃないか」というニュアンスで使われることが多い言い回しで、ネイティブの耳にはあまりポジティブには聞こえません。

- 駅までお供します。

  ## Let me walk with you to the station.

  ＊類似表現に、I'll go with you to the airport.「空港までお供します」などがあります。

予定を尋ねる

- いつ頃会社を出ますか?

  ## About when are you leaving?

  ＊ about「〜頃」をつけないでwhenで尋ねられると「何時何分にお戻りですか?」と聞かれているような気持ちになります。

- 午後は何か約束が入っていますか?

  ## Do you have any appointments for this afternoon?

  ＊ appointments は「取り決め」「約束」という意味です。

☐ 今夜予定はありますか?

Any plans for tonight?

* Do you have any plans for tonight? を短くした言い方です。意味は同じですが、多少カジュアルになります。

☐ 今夜お時間いただけませんか?

Do you think you could spare me some time this evening?

* spare time は「時間を割く」という意味です。類似表現に、I'd like to talk to you about something. Are you free tonight?「ご相談したいことがあるのですが。今夜お時間はありますか?」などがあります。

☐ 日曜日に家でちょっとしたパーティーを開こうと思ってるんだ。来ないか?

We're having a party at my house on Sunday. Would you like to come?

* Would you like to come? は少しかしこまった言い方です。

☐ 日曜にパーティーを開くんだ。来たらどうだい?

We're having a get-together on Sunday. Why don't you come?

* get-together は「パーティー」「カジュアルな集まり」の意味です。

chapter 5　伝わる表現

☐　今度の月曜は空けておいてくれるかな?

Could you leave Monday open?

＊leave ... open で「…を(予定を入れずに)空けておく」という意味になります。類似表現に、Could you spare me some time on Monday?「月曜日にちょっと時間をとってもらえるかな?」などがあります。

☐　手ぶらで来てくれ。

Just bring yourself.

＊パーティーになにか持参しようかと気づかう相手に使うひと言。「あなただけをお持ちください」すなわち「手ぶらでいらしてください」のニュアンス。

誘いを受ける

☐　お誘いありがとうございます。

I really appreciate your kind invitation.

＊「ご親切なお誘いに感謝します」が直訳です。誘いを受けるときの丁寧な言い方です。類似表現に、Thanks for inviting me.「誘ってくれてありがとうございます」などがあります。

☐　お供します。(上司に飲みに行こうと誘われて)

I'll be glad to join you.

＊I'll be glad to ... で「よろこんで…します」という意味になります。join は「同伴する」「行為に加わる」という意味です。

☐ そろそろ行きましょう。

Let's get going.

＊「もう行きましょう」「そろそろ行きましょう」と相手を促すときの言い方です。類似表現に、Let's go.「行きましょう（そうしましょう）」などがあります。

☐ いいですね、そうしましょう。

Good idea. Let's do it.

＊ Let's do it. は「そうしましょう」「やりましょう」といった意味です。

☐ もちろん。（同僚に飲みに行こうと誘われて）

Why not?

＊「断る理由がどこにあるのか？」が直訳です。積極的に誘いを受けるときの一般的なフレーズです。類似表現に、You bet.「いいとも」などがあります。

誘いを断る

☐ あいにく先約がございまして。

I'm afraid I already have an appointment at that time.

＊ I'm afraid ... とすることで「申し訳ありませんが」「残念ですが」といったニュアンスを出すことができます。類似表現に、I have a previous engagement.「先約があるんです」などがあります。

chapter 5 伝わる表現

□ その日は忙しくて。（ちょっと無理な事を頼まれて）

I'll be busy on that day.

＊何かを依頼された、お誘いを受けた、そんな場面は少なくないはず。それでも断らなければならないこともあります。Sorry ... 、I'm afraid ... 、Unfortunately ... などを断りのフレーズの前におくとより穏やかな断りのひと言になります。

□ やめておきます。（飲みに行こうと誘われて）

I'll have to pass.

＊「やめておきます」「遠慮しておきます」といったニュアンス。この他に、I would if I could, but I can't.「できればそうしたいのですが、行けません」などの表現もあります。

□ また誘ってください。

I'll take a rain check.

＊ take a rain check で「また次に誘ってもらう」という意味になります。誘いを断るときの決り文句です。類似表現に、Maybe next time.「また今度にします」などがあります。

□ 次回は必ず行きたいです。

I'll take you up on that next time.

＊ take ... up on 〜で「(人)の〜に応じる」という意味になります。

☐ お酒が飲めないんです。

I'm not much of a drinker.

* drinker は「酒飲み」という意味です。

☐ アルコールはダメなんです。

I can't handle alcohol.

* handle は「処理する」「対処する」という意味です。つまり「体がアルコールを受けつけない」ということ。

☐ ちょっと体調が良くないもので。

I'm not feeling very well.

* feel well は「体の具合が良い」、not feel well で「体の具合が悪い」「気分が悪い」となります。

chapter 6

会議

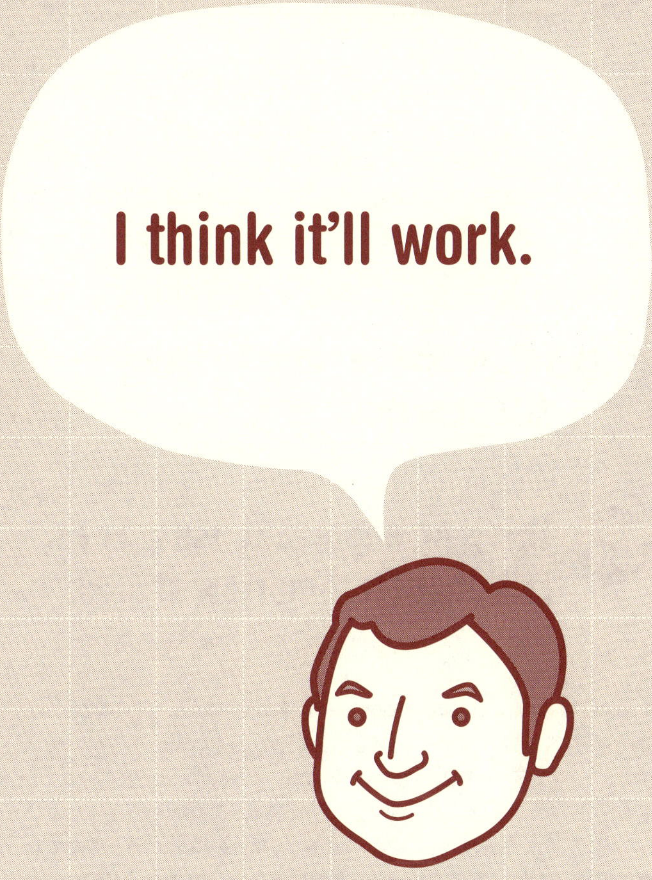
I think it’ll work.

(しつこく念を押す人に対して)

伝わりにくい表現 **I know.**

うるさいなあ。

伝わる表現 **I know !**

分かった！

伝わるかどうか、その違いはただひとつです。**エクスクラメーション・マーク**です。I know. も！をつけて元気に言えば、「分かった！」という意味になります。でも迷惑そうに、またフラットに I know. と言えば「そんなこと知っているよ」「分かっているから言わないで」というニュアンスになってしまいます。明るく適度に元気よく言うのがベストです。

伝わりにくい表現 **I don't have time to think about it now.**

今は考える時間がないんだ。

伝わる表現 **This is an important issue. Let's talk about it tomorrow at 5:00.**

重要なことだね。明日の5時に打ち合わせしよう。

I don't have time to think about it now. という表現だと、「**そんなことに時間を割いている暇などない**」「**そんな場合ではない**」**といったかなりネガティブなニュアンスで伝わってしまう**おそれがあります。これを聞いた相手は、あなたを自分勝手、あるいは、自分の価値判断のみで物事を決めつける人物だと思いこんでしまうかもしれません。このような場合は、相手の相談してきた件の重要性を口頭で確認してあげてから、いつ相談に乗れるのかを具体的に決めた表現がスマートです。

（会議などでいい質問をした人に）

伝わりにくい表現
Good question.
さっぱりわからないな。

伝わる表現
That's an interesting question.
いい質問ですね。

相手が会議などでいい質問を発したときに、Good question. という表現を使う日本人をよく見かけますが、これは「いい質問だね」という意味ではないので要注意。Good question. という文は「さっぱりわからない」という意味なのです。good には「かなりの、相当な」という意味がありますが、ここでは「相当な質問、かなり難しい質問」という意味で用いられているのです。相手がよい質問を投げかけてきた場合には、That's an interesting question. と表現するのがよいでしょう。これなら、日本語の「いい質問」という意味に近いニュアンスになります。

伝わりにくい表現
Please be logical.
論理的になってよ。

伝わる表現
Let's think this through.
じっくり考えてみようよ。

Please be logical. という表現だと、「論理的に考えようよ」と言っているだけかな、と捉える人が多いのですが、実はこの表現には**「君は論理的じゃないよ」**といった非難のニュアンスがあります。感情的な表現は控えなければならないビジネスの場面で、この表現を使用するのは慎みましょう。Let's think this through. は、表面上は「じっくり考えてみようよ」といった意味ですが、直接的な表現を避けつつも、「もう少しロジカルに考えようよ」という隠されたメッセージを、相手の心証を害することなく伝えることが可能です。

chapter 6 伝わる表現

提案する

☐ 提案があります。

I have a suggestion.

＊suggestion は「提案」の意味です。Let me make a suggestion. も同じように使えます。

☐ 私のアイデアはこうです。

Here's an idea.

＊suggestion や idea とくれば、proposal ですが、proposal（企画案・提言）はある程度時間をかけ、練り上げた案を書面にしたものと考えれば違いが分かるでしょう。

☐ 心当たりがあります。

I have something in mind.

＊「心当たりがある」は have something in mind でOK。反対に「心当たりがない」はhave nothing in mind. です。類似表現に、I know something.「心当たりがあります」、I have an idea.「よい考えがあります」などがあります。

☐ いいことを思いつきました。

I've got an idea.

＊類似表現に、I think I know.「分かると思います」、I think I might be able to help.「お役に立てると思います」などがあります。

意見を求める

☐ この件に関してあなたの意見を聞かせてもらえますか?

Could I have your input on this?

＊input は「情報」「考え」「アドバイス」の意味。類似表現に、What do you think about this?「この件についてどう思いますか?」などがあります。

☐ この件について何か考えはありますか?

Do you have any thoughts about this?

＊thoughts on としてもOKです。類似表現に、What do you think about this?「これについてどのような意見ですか?」などがあります。

☐ この計画に何か不都合がありますか?

Can you see anything wrong with this plan?

＊他の表現として、I'd like to know what you think.「あなたがどう思っているか知りたいです」などがあります。

☐ この提案についてのご意見をお聞かせください。

I'd like to get some feedback on this proposal.

＊feedback は「意見」「評価」という意味です。

chapter 6 伝わる表現

□ この件についての見解をお聞かせください。

I'd like to get your point of view on this.

* point of view は「考え方」「観点」「見解」という意味です。

□ できるだけ客観的になってください。

Please be as objective as possible.

* objective は「客観的な」「事実に基づく」「客観性のある」という意味です。反対語は subjective「主観的な」「主観の」「個人的な」。

意見を述べる

□ うまくいくと思います。

I think it'll work.

* work は「うまくいく」「成功する」。類似表現に、That should work.「うまくいくはずです」や他の言い回しとして、What a great idea!「なんて素晴らしいアイデア！」などがあります。

□ それはいい考えです。

I wish I'd thought of that.

*直訳すると「私がそれを考えつければよかった」つまり「それはいい考えだ」という意味になります。他にも I don't have any objections.「異論はありません」などがあります。

☐ これに関してはあなたに100パーセント賛成です。

I'm 100% with you on this one.

* be with ... は「…に賛成する」「味方になる」「同感である」、反対のフレーズはbe against ...「…に反対する」「難色を示す」です。

☐ この計画に関しては少し不安があります。

I have some reservations about this plan.

* reservationは「留保」「条件」の意味です。have reservations で「懸念を感じる」「不安がある」となります。

☐ それが受け入れられるとは思えません。

I don't think it's going to fly.

* fly は「(案や説明などが) うまくいく」「受け入れられる」の意味です。類似表現に、I like it, but I'm not sure if the boss will.「私は好きだけど、ボスが気に入るかどうかは分かりません」などがあります。

☐ 理論上ではよさそうだけど、現実的であるかどうかは分かりません。

It seems good on paper, but I'm not sure if it will be practical.

* on paper は「紙の上では」「理論上では」という意味です。

chapter 7

電話を受ける

What's new?

伝わりにくい表現
Thank you for your help.
先日はお世話になりました。

伝わる表現
Thank you for calling.
お世話になっております。

日本のビジネスでは、「お世話になっております」はあいさつの中の万能選手といったところですが、これもまた相当する英語はありません。実際に「お世話になっております」は、具体的な事柄に対して言っているのではなく、日頃のご愛顧への感謝や、日々の付き合いに対する一般的なお礼であり、ある意味では形式的なあいさつに他なりません。Thank you for your help. は具体的にお世話になった事柄に対してお礼を述べるときのフレーズです。ですから、何かをしてあげた覚えのない人は「えっ？　何かしてあげたっけ？」と思ってしまいます。この場合はThank you for calling.「お電話ありがとうございます」が「お世話になっております」に最も近いと言えるでしょう。

....

伝わりにくい表現
What do you want?
何だよ?

伝わる表現
How can I help you?
どのようなご用件でしょうか?

What do you want? はうるさい相手に「何だよ、何か用かよ」という意味で使う言葉です。**「邪魔をするな」のニュアンスがあり**、これを聞いて怒る人がいるかもしれません。How can I help you? / How may I help you?「どういったご用件ですか?」が相手によい印象を与えるフレーズです。

伝わりにくい表現: **Sorry for not calling.**

(電話すると約束したのに) 電話しなくて申し訳ない。

伝わる表現: **How have you been?**

お久しぶりです。お元気ですか?

長い間電話しないことも「ごぶさたしています」なのですが、**Sorry for not calling. はそれよりももう少し深刻な謝罪と考えてください。**例えば電話をすると約束していたにもかかわらず、電話しなかったというのであれば、それでもかまいません。ただ、軽い気持ちのごぶさたであれば、How have you been?「(しばらくお会いしていませんし、お電話もしていませんが) お久しぶりです。お元気ですか?」で、十分気持ちのよいあいさつになります。

伝わりにくい表現: **What's your name?**

あなたはいったい誰?

伝わる表現: **Could I have your name?**

どちら様でいらっしゃいますか? /
お名前を伺ってもよろしいでしょうか?

電話での受け答えで心に留めておかなければならない重要なポイントは、お互いに顔が見えないということです。お互いに顔を見合わせていれば、言葉の足りなかった部分は、言い直しをしたり、表情で補ったりできますが、全く顔の見えない、それも初めての相手であれば、言葉選びのむずかしさはきちんと心に留めておかなければなりません。**面と向かっているときに What's your name?というのは失礼ではありませんが、顔の見えない電話ではあまりにストレートです。**Who are you?「あんた、誰?」はさらに失礼です。

chapter 7 電話を受ける

伝わりにくい表現: Suzuki is busy right now.

スズキというやつは今、手が離せないよ。

伝わる表現: Mr. Suzuki is busy right now.

スズキはただ今、別の電話に出ています。

外部の人間に対して、身内をどう呼ぶかというのは、日本語文化と英語文化の違いのひとつです。例え社長であっても外部の人間に対しては呼びつけにする日本語の習慣は、英語圏の人には馴染みのないものです。例え内部の人であっても、苗字だけで呼ぶのはやめましょう。Suzuki is busy right now. と言えば、スズキさんとあなたの間に何か個人的なトラブルでもあるのかと思われるかもしれません。ここは臆せず、Mr. や Ms. をつけましょう。ファースト・ネームで呼ぶと、もっとすっきり、軽やかになるかもしれません。ただ、上司が部下を叱責するときは苗字に敬称をつけずに呼ぶこともあります。

・・・

伝わりにくい表現: He's busy.

彼は忙しい人だ。

伝わる表現: He's busy right now.

ただ今ちょっと手が離せませんが、
後ほどお時間がとれるでしょう。

He's busy. 「彼は忙しい」は意外と厳しいひと言です。「彼は忙しくて電話に出られるわけないでしょ」といった含みがあるからです。しかし、その忙しさがまぎれもない事実であるとすれば、right now「今は」のひと言をつけ、He's busy right now. にすることで、「ただ今、ちょっと手を離せませんが（後ほど時間をとることができます）」といったニュアンスになります。

伝わりにくい表現: I'll make him call you back.
彼にはなんとしても折り返させます。

伝わる表現: I'll have him call you back.
後ほど彼に折り返させます。

「…に〜をさせる」の「させる」は「使役動詞」を使って表わします。**makeは使役動詞の中でも一番強制的なニュアンスが強い言葉**。I made my son study.「(何だかんだ言ったって)息子には勉強させた」のような意味になります。人に電話を折り返させる場合は特に強制の意味があるわけではないので、自然なI'll have ... を使いましょう。

伝わりにくい表現: Yes, yes.
はいはい

伝わる表現: This is he.
私でございます

自分自身が受けた電話で、相手が自分を名指ししてきたときの返事を覚えておきましょう。日本人はよく、Yes, yes.「はいはい」あるいは It's me.「それは私です」と答えたり、I'm Hiroshi.「私がヒロシです」と言ったりしますが、**一番自然な受け答えは This is he.「私でございます」という表現**です。もうひとつ別の言い方に、Speaking.「今お話しています」というものもあります。

chapter 7 伝わる表現

電話が鳴る

☐ はい、ABC社の鈴木武史でございます。

Hello, ABC Corporation. Takeshi Suzuki speaking.

＊電話を受けたときには、会社名と電話に出ているのが誰であるかをまず伝えます。

☐ 毎度ありがとうございます。

Thank you for calling.

＊「お電話ありがとうございます」が直訳です。

☐ お待たせいたしました。ABC社でございます。

Thank you for waiting. This is ABC.

＊類似表現に、This is ABC. I'm sorry to have kept you waiting.「ABC社でございます。お待たせいたしました」などがあります。

☐ どのようなご用件でしょうか?

How may I help you?

＊電話で用件を聞くときの決まり文句です。類似表現に、What can I do for you today?「今日はどのようなご用件で?」などがあります。

電話であいさつする

☐ ごぶさたしております。

It's been a long time.

＊「お久しぶりです」「ごぶさたしております」のニュアンスです。
It's been a long time, hasn't it? としても、よりフレンドリーな感じが出てよいでしょう。

☐ ちょうど電話しようと思っていたところです。

I was just thinking about calling you.

＊類似表現に、I'm glad you called.「お電話をいただけてうれしいです」などがあります。

☐ お変わりないですか?

How have you been?

＊「お元気でしたか?」「お変わりないですか?」といったニュアンス。ひさしぶりに話す相手と交わすあいさつとしては一般的なフレーズです。類似表現に、How has everything been going?「お変わりないですか?」などがあります。

☐ 何か変わったことは?

Anything new?

＊類似表現に、What's new?「何か変わったことは?」などがあります。

chapter 7 伝わる表現

電話を取り次ぐ

- [ ] 失礼ですがどちらさまでいらっしゃいますか?

I'm sorry, may I ask your name?

* May I ask your name? は、比較的丁寧な名前の尋ね方です。

- [ ] お名前を伺ってもよろしいですか?

May I have your name, please?

*類似表現に、I'm sorry, and you're ...?「失礼ですが、そちら様は…?」などがあります。

- [ ] 担当の者におつなぎします。

Let me transfer you to the person in charge.

* Let me transfer you to ... で「…におつなぎします」という電話を取り次ぐときの一般的なフレーズになります。「担当の者」は person in charge でOKです。類似表現に、Let me let you talk to the person in charge.「担当の者に代わります」などがあります。

- [ ] 田中洋という者に代わります。
  その件については田中が担当しておりますので。

Let me transfer you to Hiroshi Tanaka. He's in charge of that.

* in charge of ... は「…を担当して」「…の責任者で」の意味です。他には、Let me transfer you to Mr. Tanaka in accounting.「経理部の田中につなぎます」などの表現もあります。

— 134 —

☐ すみません、もう一度お名前をお願いします。

I'm sorry, can I have your name again?

* have を使うところがポイント。類似表現に、I'm sorry, your name is ...?「すみません、どちら様で…?」などがあります。

☐ 少々お待ちください。

Could you hold for just a moment?

* hold には「電話を切らずに待つ」という意味があります。類似表現に、I need to ask you to hold for a moment, please.「少々お待ちいただけますでしょうか」などがあります。

☐ ちょっとお待ちください。

Just a second.

*カジュアルな言い回しですが、ビジネスシーンでもよく使われます。

☐ マイケルさん、お電話です。

Michael, it's for you.

*「マイケルさん、あなたに(電話)です」が直訳です。基本的にファーストネームに Mr. Ms. Mrs. はつけません。

☐ マイケルさん、鈴木さんからお電話です。

Michael, you have a call from Mr. Suzuki.

* have a call from ... は「…から電話をもらう」の意味です。他には、Michael, you have a call on line 1.「マイケルさん、1番にお電話です」などの表現もあります。「内線の1番」は line 1 でOKです。

chapter 7 電話を受ける

chapter 7 伝わる表現

取り次がれた電話に出る

☐ お電話代わりました。佐藤まり子です。

Hello, this is Mariko Sato speaking.

*取り次がれた電話に出るときには、主語は I ではなく this です。「私です」は男性であれば This is he (speaking). 女性であれば This is she (speaking).このように名乗り、誰が話しているのかを最初に伝えます。 speaking を入れればより丁寧になります。

☐ 大変お待たせしました。

Thank you for waiting.

*「お待ちいただきありがとうございました」が直訳です。類似表現に、I'm sorry to keep you waiting.「お待たせして申し訳ありません」などがあります。

本人が出られない場合／不在の場合

☐ あいにく佐藤は席を外しております。

I'm afraid Mr. Sato is away from his desk.

* be away from one's desk で「席を外す」という意味になります。類似表現に、I'm afraid Mr. Sato has stepped away for just a moment.「佐藤はちょっと席を外しておりますが」などがあります。

☐ ただいま外出しております。

I'm afraid he's not in right now.

＊この in は in the office のことを言っています。I'm afraid ... とすることで「申し訳ありませんが」のニュアンスも含まれます。類似表現に、I'm afraid he's out of the office right now.「ただいま出かけておりますが」などがあります。

☐ 1時まで出かけております。

I'm afraid he'll be out until 1:00.

＊ until は「〜まで」という意味です。

☐ あいにくですが、たった今出かけたところです。

I'm afraid he just left.

＊ I'm afraid ... とすることで「あいにくですが…です」というニュアンスになります。

☐ 申し訳ありません、たった今出かけてしまったんです。

I'm sorry, but he just stepped out.

＊ step out は「外出する」「外へ出る」という意味です。

☐ 3時15分には戻る予定ですが。

We expect him back at 3:15.

＊ expect ... back at で「... が〜時に戻ると予想している」すなわち「... は〜に戻ることになっている」という意味になります。

chapter 7 伝わる表現

☐ 佐藤は会議中ですが。

Mr. Sato is in a meeting right now.

* be in a meeting は「会議に出ている」「打ち合わせ中である」の意味です。類似表現に、I'm afraid that Mr. Sato is in a meeting.「申し訳ございませんが、佐藤は会議に出ております」などがあります。

☐ ただいま他の電話に出ております。

I'm afraid he's on another line.

* line は「電話の回線」の意味です。be on another line で「他の電話で話している」という意味になります。前置詞が on なのを覚えておきましょう。類似表現に、I'm sorry, but he's taking another call right now.「申し訳ございません、只今他の電話に出ておりますが」などがあります。

☐ ちょっと手が離せないんですけど。

He can't come to the phone right now.

*「彼は今電話に出ることができません」が直訳。よく使われるフレーズです。類似表現に、He's a little busy right now.「今ちょっと忙しいのですが」などがあります。

☐ 私で分かることでしたらお答えいたしますが。

Perhaps there's something I can help you with.

*「多分、私でお力になれることがあるかもしれません」が直訳です。「私で分かることでしたら…」は、電話をかけてきた相手が話したい人が留守だったときなどに、とりあえず用件を聞いてみるときの言い方。

☐ 私でお力になれることはありますか?

Is there some way I can help you?

類似表現で、Is there anything I can do?「私にできることはありますか?」などがあります。

☐ あいにくですが、おつなぎできません。
よろしければメールを送ってくださいますか?

I'm afraid I can't transfer your call. If you'd like, you can send him an email.

＊しつこい営業電話に効果的な表現です。

☐ 申し訳ありませんが、電話に出られません。
私にメールを頂ければ、メッセージをお渡しできますが。

I'm afraid he's not taking calls. If you email me, I can give him your message.

＊上の表現と同様便利な言い方です。必ずしも取り次ぐ必要はないでしょう。

折り返し掛けさせると伝える

☐ 折り返しでよろしいですか?

May I have him call you back?

＊類似表現に、Would you like me to have him call you back?「折り返しさせましょうか?」などがあります。

chapter 7　伝わる表現

☐　電話が長引いておりますので、
　　後ほどこちらからお電話を差し上げます。

It looks like he'll be on the call for a long time, so perhaps I can have him call you back.

* It looks like ... で、「…のようです」というフレーズになります。have ... call は「…に電話をさせる」have は強制の意味がほとんどない使役動詞になります。call back は「折り返し電話をする」という意味です。

☐　戻り次第、お電話させます。

I'll have him call you as soon as he gets back.

*類似表現に、I'll make sure he calls you when he returns.「戻ったら必ず電話させます」Should I have him call you when he gets back?「戻ったらお電話させましょうか?」などがあります。

伝言を聞く

☐　よろしければご伝言を承りますが。

I can take a message, if you'd like.

*文末に if you'd like とつけることで、「もしよろしければ」「さしつかえなければ」といった意味合いが加わります。take a message は「メッセージをあずかる」という意味です。

☐ 彼女に伝言はございますか?

Would you like me to give her a message?

＊「あなたは私に、彼女にメッセージを渡して欲しいですか?」が直訳です。類似表現に、May I take a message?「ご伝言を承っておきましょうか?」などがあります。

☐ 申し伝えておきます。

I'll be sure to let him know.

＊「彼に必ず伝えます」が直訳。I'll be sure to ... で「必ず…しておきます」という意味になります。類似表現に、I'll make sure he gets the message.「必ず伝えます」などがあります。

電話を切る

☐ お電話ありがとうございました。

Thank you for calling.

＊ビジネスシーンで受けた電話を切るときの決り文句です。類似表現に、Please call back anytime.「またいつでもお電話ください」、Please feel free to call anytime.「いつでも遠慮なくお電話ください」などがあります。feel free to ... は「遠慮なく…する」「気兼ねなく…する」の意味。

chapter 8

電話を掛ける

How have you been?

伝わりにくい表現: **Who knows about this?**

このことはいったい誰が知っているの?

伝わる表現: **Is there anyone there who knows about this?**

このことについて、どなたか分かる方はいらっしゃいますか?

英語ではストレートな表現が好まれる、と思っている人は多いようですが、それは必ずしも正しくはありません。時と場合によります。特に電話口での対応は丁寧に越したことはありません。Who knows about this?「これについてはいったい誰が知っているのですか?」はまるで上司の部下に対する口調のようです。初めて電話した会社に対しての言葉であれば、かなり失礼になります。Is there anyone there who knows about this? なら自然で丁寧な言い方です。

伝わりにくい表現: **How's business?**

どう、元気ですか?

伝わる表現: **How's your company doing?**

景気はどうですか?

businessには、「商売」「事業」以外にも「成り行き」「事柄」などの意味があります。How's business? は特に特定の「商売」「景気」を指しているわけではありません。「調子はどうですか?」「元気ですか?」といった感じの質問なのです。How are you?に近いといえますが、それよりはカジュアルな感じがします。How's your company doing? は「そちらの景気・商売はいかがですか?」という意味になります。

（電話を切る時のひとこと）

伝わりにくい表現
Okay, bye.
オーケー、じゃあね。

伝わる表現
Thank you for calling, goodbye.
お電話ありがとうございました、失礼します。

Okay, bye. という表現は、**友人との会話では構いませんが、ビジネスの会話にはふさわしくない表現**です。伝わる表現のほうはビジネスでの会話や、電話で使っても問題ない表現です。

伝わりにくい表現
What time will he be back?
彼は何時に戻りますか？（正確に教えてください）

伝わる表現
About what time will he be back?
何時頃に戻りますでしょうか？

What time is it now?「今、何時ですか?」は教科書に初めて「時間」が出てきたときに日本人が習うフレーズです。しかし、**ネイティブにとっては、正確な時間を求められているような気持ちになる言葉**なのです。日本語でもこのように、誰かの帰社時間を尋ねるときは「何時頃お戻りでしょうか?」と言います。「頃」に対応する単語としてaboutをつけ、About what time will he be back? とすれば何も問題はありません。

伝わりにくい表現 ❌ **Be careful.**
では気をつけるんだよ。

伝わる表現 ⭕ **Take care.**
では。

Be careful. はこれから何かをしようとしている人の注意を促すためのフレーズです。例えば、誰かがバンジージャンプをするとか、急流下りをするとか具体的に危険な何かをするときにかけてあげる言葉です。また、映画などでお馴染みの「夜道に気をつけろよ」のような言葉はちょっとした脅迫を思わせる言葉です。Be careful.「気をつけろよ」、I know where you live.「おまえの家は知っているぞ」などと言われればちょっとビビってしまいそうです。電話を切るときのカジュアルなあいさつは Take care.「では」で十分です。

伝わりにくい表現 ❌ **He's not here.**
いないの。

伝わる表現 ⭕ **He's not here right now.**
すぐ戻ります。

He's not here.「彼はいないんです」と言われたら、どう受け取ればよいでしょうか。「今ちょっと席をはずしているだけ?」、それとも「出張に行っている?」「もう会社を辞めている?」「ランチそれとも会議?」。**このような場合にはやはり不在である理由をきちんと伝える必要があります。** He's out of the office until 2:00.「2時まで外出しております」「2時に戻ります」、He moved to our Osaka Branch.「大阪支社に異動になりました」、He left the company last week.「昨年退社いたしました」など理由は様々です。He's not here right now. と言えば「ただ今不在ですが、じきに戻ります」ということになります。

伝わりにくい表現: **I have the wrong number.**
間違えちゃった。

伝わる表現: **I'm sorry, I have the wrong number.**
申し訳ありません。間違えました。

間違い電話を受けたら、謝りもせず、いきなりガチャッと切られたという人は少なくないはずです。**アメリカ人は謝罪の言葉もなく切るほど失礼なことはないと考えています。**この点では日本よりも厳しいかもしれません。携帯電話はもちろんのこと、会社に置いてある固定電話でも今やナンバーディスプレイの時代です。個人ではなく会社であれば、なおのこと悪い印象を避け、丁寧に謝りたいものです。「間違っちゃった」だけではなくI'm sorry,をつけて謝罪の気持ちをしっかり表わしましょう。

伝わりにくい表現: **May I speak to Mr. Smith?**
スミスさんをお願いします。

伝わる表現: **This is Mariko Yoshida of ABC Corporation. May I speak to Mr. Smith?**
ABC株式会社の吉田真理子です。スミスさんをお願いします。

電話でのマナーは日本とほとんど変わりありません。**まず、自分について名乗ってから、話をしたい相手を指定しましょう。**自分の名前を名乗るときは苗字を先に名乗ってから名前を言いましょう。This is Yoshida, Mariko Yoshida. のように言うと苗字を印象づけることができ、ファーストネームで呼ばれたいときは Mariko, Mariko Yoshida のように言うと覚えてもらいやすくなります。

chapter 8　伝わる表現

電話を掛ける

☐ ABC社の加藤洋と申します。

This is Hiroshi Kato of ABC.

* This is Kato of ABC. 日本語ではこのあいさつは普通ですが、自分の苗字しか名乗らないのは、ネイティブにとってはとても不自然です。This is Hiroshi, Hiroshi Katoのように言うと、日本人以外の人でも苗字と名前が区別できます。

☐ スミスさんはいらっしゃいますか?

Is Mr. Smith there?

* Is ... there? で「…さんはいますか?」という意味になります。誰かを電話口に呼んでもらうときの一般的なフレーズです。カジュアルな言い方ですが、ビジネスシーンで使っても問題ありません。ただし、自分の名前を先に言いましょう。

☐ スミスさんをお願いできますか?

May I talk to Mr. Smith?

*類似表現に、Mr. Smith, please.「スミスさんをお願いします」などがあります。

☐ スミスさんとお話したいのですが。

I'd like to talk to Mr. Smith.

*ファーストネームが分かる場合はI'd like to talk with Bill Smith. Mr. をつけなくても問題はありません。

☐ 担当の方をお願いできますか?

May I speak to the person in charge?

* May I speak to ...? は人を電話口に呼んでもらうときの一般的なフレーズです。

☐ どなたかこの件についてわかる方はいらっしゃいますか。

Is there anyone there who knows about this?

*類似表現に、I'd like to talk to someone who can help me with this.「この件がわかる方とお話したいのですが」などがあります。

電話でのちょっとした会話

☐ お忙しいところを大変申し訳ありません。

Sorry for interrupting you.

* interrupt は「じゃまする」「妨げる」の意味です。「おじゃまをして申し訳ありません」が直訳です。この場合は「お仕事のおじゃまをする」ということ。類似表現に、I know you're busy, but ...「お忙しいのは承知していますが…」I'm sorry for calling at this hour.「このような時間に電話をして申し訳ありません」などがあります。

☐ ちょっとよろしいですか?

Do you have just a minute?

*ちょっと話す時間があるかどうか尋ねるときの一般的なフレーズです。電話でなくても使えます。

chapter 8 　伝わる表現

☐ お忙しいようでしたら、また後でおかけしますが。

If you're busy now, I can call back later.

＊類似表現に、Would it be better if I called back later?「かけ直したほうがよろしいですか?」Is now a good time for you?「今お話して大丈夫ですか?」などがあります。

☐ 先日はありがとうございました。

Thanks for the other day.

＊ the other day で「先日」「この間」といった意味になります。

☐ 昨日は何から何まで大変お世話になりました。

I appreciate everything you did yesterday.

＊「昨日していただいたことすべてに感謝しています」が直訳です。

☐ この間は失礼いたしました。

Sorry about the other day.

＊ I'm sorry about the other day. を略した形です。さほど重大でないことについて詫びるなら、略した形のほうが軽い感じになるため適しています。

☐ 先日は大変失礼いたしました。

I'm sorry about what happened the other day.

＊「先日起きたことは失礼しました」「すみませんでした」が直訳です。

☐ 最近はどうですか?

How have you been?

＊「どうしていましたか?」が直訳です。ビジネスシーンに限らず、相手の近況を尋ねるときの一般的なフレーズです。類似表現として、Anything new?「何かお変わりありませんか?」などがあります。

☐ お元気そうで何よりです。

I'm glad to know that you're doing well.

＊I'm glad to know that ... で「…ということが分かってとてもうれしいです」という意味になります。do well は「順調である」「うまくいく」の意味です。I'm glad you're doing well. でもOKです。

☐ こちらは相変わらずです。

Everything's the same as always here.

＊「こちらはすべてがいつも通りです」が直訳です。

☐ おかげさまでなんとかやっております。

Thanks to you, I'm doing okay.

＊日本では、特に世話になっていない人に対しても「おかげさまで」という表現をよく使いますが、アメリカではそういった習慣はありません。この表現は、アメリカでは本当にお世話になった人に対して使われます。thanks to ... は「…のおかげで」「…の結果」というフレーズです。

chapter 8 伝わる表現

☐ 不景気で厳しいですね。

This economy is really tough.

＊tough は「厳しい」「難しい」の意味です。economy is tough で「景気が厳しい」「不景気だ」といった意味になります。

☐ 景気が悪くて、なかなかやっていけませんね。

This economy is making it really difficult to get by.

＊get by は「生きのびる」「なんとかやっていく」の意味。making it really difficult ... の it は to get by を指しています。「生きのびることを困難にしている」という意味になります。

☐ 貧乏暇なしですよ。

I've got no money and no time.

＊「お金もないし、暇もない」が直訳。「貧乏暇なしです」のニュアンス。

☐ どんなに働いても楽になりませんよ。

No matter how hard I work, it doesn't seem to get any easier.

＊no matter how は「どんなに〜であろうとも」という意味。no matter how hard I work は「どんなに一生懸命働こうとも」。

約束の日時を決める

☐ いつなら都合がいいですか?

When would be a good time for you?

＊都合のよい日を尋ねるときの一般的なフレーズです。類似表現として、When will you have time?「いつなら時間がありますか?」などの表現があります。

☐ そちらの予定に合わせます。

I can arrange my schedule around yours.

＊この yours は your schedule「あなたの予定」を指しています。

☐ 来週はどうでしょう?

How about next week sometime?

＊ How about ...? で「…はどうでしょうか?」「…はいかがでしょう?」と何かを提案するフレーズになります。next week sometime は「来週のいつか」の意味です。

☐ 木曜の2時はいかがですか?

How about Thursday at 2:00?

＊ How about ...? で「…というのはいかがでしょうか?」と提案するフレーズになります。お互いに何について話しているのかがわかっているときには、このような簡単なフレーズで十分です。

chapter 8　伝わる表現

☐　木曜は時間ありますか?

Do you have any time on Thursday?

＊日本語をそのまま英語にし、Are you free on Thursday? と言えば「木曜日1日中」と取られるかもしれません。any time on Thursday とすれば「木曜日のどこかの時間」という意味になります。

☐　木曜の朝はどうですか?

What about on Thursday morning?

＊時間の大雑把な分け方はThursday around noon 11時から1時の間くらい、Thursday afternoon 1時から5時の間くらい、Thursday evening で大体5時以降くらいと把握しておくとよいでしょう。

☐　では木曜の2時ということで。

So that's Thursday at 2:00.

＊この so は「それでは」の意味です。

☐　木曜の6時、それでよろしいですか?

Thursday at 6:00. Is that okay with you?

＊日本語と違って英語で at 6:00 AM や at 6 PM のように言うことはありません。特にビジネスであれば、常識的に考えれば、おのずと午前か午後かの想像はつきます。また18時とか20時のような言い方もあまりしません。

☐ 木曜の2時にお会いします。

I'll see you at 2:00 on Thursday.

＊ on Thursday at 2:00. でもOKです。

約束の場所を決める

☐ どこでお会いしましょうか?

Where would you like to meet?

＊ Where would you like to ...? で「どこで…したいですか?」という意味になります。

☐ 私のオフィスで会いましょう。

Let's meet at my office.

＊ Let's meet at ... は「…で会いましょう」という意味です。カジュアルな言い回しですが、ビジネスシーンでもよく使われます。

☐ 差し支えなければ、そちらにうかがいますが。

I'll visit you there, if that's all right.

＊ if that's all right は「差し支えなければ」の意味です。類似表現に、I can go to your office.「そちらのオフィスにうかがいます」。

chapter 8　伝わる表現

☐　落ち着いた喫茶店にでも行きましょう。

Let's find a quiet coffee shop where we can talk.

＊「話ができるような静かな喫茶店でも探しましょう」が直訳です。

約束を変更する

☐　申し訳ありませんが、急用ができまして。

I'm sorry, but something came up.

＊ come up は「問題などが生じる」「急に起こる」の意味です。

☐　ちょっと急用ができてしまいまして。

I'm afraid there's an emergency I have to deal with.

＊ an emergency I have to deal with は「対処しなければならない緊急の用事」が直訳です。

☐　打ち合わせの時間を1時から3時に変更させてもらうわけにはいかないでしょうか?

Would it be too much trouble to change the meeting from 1:00 to 3:00?

＊ Would it be too much trouble は「迷惑すぎますか?」「面倒すぎますか?」という意味です。

☐ 時間を変更させてもらってよろしいでしょうか?

Would it be possible to change the time?

＊Would it be possible to …? は「…するのは可能でしょうか?」の意味です。

不在の場合

☐ 何時頃お戻りでしょうか?

About what time is he expected back?

＊back は「戻っている」の意味。類似表現に、Do you know when he'll be getting back?「いつお戻りになるかご存知ですか?」などがあります。

☐ 何時頃お電話すればよろしいですか?

When would be a good time for me to call?

＊類似表現に、What time would you like me to call you?「何時に電話すればいいですか?」などがあります。

☐ 伝言をお願いできますか?

Could I ask you to take a message?

＊Could I ask you to …? で「…をお願いできますか?」という意味になります。take a message は「伝言を預かる」という意味です。

chapter 8 伝わる表現

□ 伝言を残してもいいですか?

May I leave a message?

＊類似表現に、Could you tell her something for me?「伝えていただけますか?」などがあります。

□ 彼が戻ったらお電話をいただけますでしょうか?

Could you have him call me when he gets back?

＊類似表現に、I'd like to have him call me when he gets in.「戻ったらお電話をいただきたいのですが」などがあります。

□ ではまた掛けなおします。

Okay, I'll call back later.

＊この Okay は「そうですか」「では」「わかりました」といったニュアンス。

□ また何日かしてからかけてみます。

I'll try calling him back in a few days.

＊in a few days は「数日の間に」の意味。

□ 携帯の番号を教えてもらえますか?

May I have his mobile number?

＊丁寧な言い方です。Could you tell me his mobile number? としても意味は同じです。

電話を切る

☐ スミスさんによろしくお伝えください。

Please give my regards to Mr. Smith.

＊regards は敬意の念を伝えるあいさつの言葉です。give one's regards to ... で「…によろしく伝える」という意味になります。少々形式ばった言い方です。

☐ それでは失礼します。

We'll talk to you later.

＊「また後ほど」が直訳です。一人で話しているのに We'll (We will) と言うのもおかしな話ですが、これはビジネスシーンで電話を切るときの決り文句です。日本語の「失礼します」に相当するフレーズです。

☐ さようなら。

Bye.

Take care.

＊電話を切るときや別れるときによく使われるあいさつの言葉です。カジュアルな表現です。

☐ 申し訳ありませんが、そろそろ切らなければなりません。

Well, okay ... I'm afraid I have to go now.

＊この場合のgoは「行く」というよりも、「電話から離れる」の意味です。

chapter 8 伝わる表現

☐ 申し訳ありませんが、別の用事がありますので。

Well, um ... I'm sorry, but I have to do something.

* do something urgent と言えばより必死さが伝わります。

Column

電話のエチケット

電話のエチケットは、どこでも大きく変わることはありません。電話を切るには Well, okay ... や Well, um ... のような「終わりたい合図」を送れば、たいていの人には分かります。合図を受け取らない人には、ストレートな言い回しを使ってもよいでしょう。

☐ 後ほどおかけ直ししてもいいですか?

Um ... Can I call you back later?

* later はとても範囲の広い言葉です。「この後、また」と聞こえることもありますし、ずっと先のことと考えることもできます。敢えて誤解を避ける意味で、Can I call you back another time? と言えば「別の日に」となります。

電話その他

☐ 途中で電話が切れまして失礼いたしました。

I'm sorry, we got cut off.

＊ get cut off は「(話し中に) 電話が切れる」という意味です。

☐ すみません、(携帯の) 電波が弱いようで。

Sorry, but the reception isn't very good here.

＊ reception は「電波の (受信) 状態」のことです。

☐ 他の電話が入りましたので、ちょっと待っていただけますか?

Can you hold for just a minute while I take another call?

＊「私が別の電話をとっている間、少々待っていただけますか?」が直訳。

☐ (他の電話が鳴って) ちょっと失礼します。

Could you hold on a second?

＊「少々お待ちいただけますか?」が直訳です。hold on は「電話を切らずにおく」という意味です。

chapter 8　伝わる表現

☐　おそれいりますが、ちょっと声が遠いのですが。

I'm sorry, but I'm having trouble hearing you.

＊I'm having trouble hearing you. で「声が遠いのですが」「よく聞こえないのですが」といった意味になります。

☐　すみませんが、もう少し大きな声で話していただけますか?

I'm sorry, but could you speak a little louder?

＊類似表現に、Could you speak a little louder, please?「もう少し大きな声でお願いします」などがあります。

☐　失礼しました、間違えました。

My mistake. I misdialed.

＊my mistake で「間違えた」、misdial で「ダイヤルをかけ違える」という意味です。

☐　加藤は退職いたしましたが。

I'm afraid Mr. Kato no longer works here.

＊no longer は「もはや〜でない」の意味です。「加藤はもうここでは働いていませんが」が直訳です。

☐ 申し訳ありませんが、加藤は退職いたしました。

I'm sorry, but Mr. Kato has left the company.

＊類似表現に、I'm sorry, but Mr. Kato retired last month.「申し訳ありませんが、加藤は先月退職いたしました」でもよいでしょう。

☐ 失礼しました、間違えました。

I'm sorry, I dialed the wrong number.

＊ dial the wrong number は「電話を掛け違える」の意味です。類似表現に、I'm sorry, I must have the wrong number.「すみません、間違えました」などがあります。

☐ 失礼ですが、何番へお掛けですか。

Excuse me, what number are you calling?

＊「電話番号」は number でOKです。

☐ 何番へお掛けですか？

What number are you trying to reach?

＊この reach は「(電話で) 連絡する」「電話で接触する」といった意味で使われています。

chapter 9

お客様を迎える

Please make yourself comfortable.

伝わりにくい表現: **Where do you work?**
どこの会社か、言って。

伝わる表現: **And you're with ...?**
失礼ですが、会社名は…?

Where do you work?「どこの会社か、言って」は顔を合わせている人に対してもストレート過ぎる問いです。ましてや顔の見えない相手から受話器を通してこう言われれば、相手はムッとするはずです。What company do you work for?「どちらの会社にお勤めでしょうか?」を短くした And you're with ...? は会社名を尋ねるときのソフトな定番表現です。

(お客様に対して)

伝わりにくい表現: **Ms. Watanabe is expecting.**
渡辺は妊娠中です。

伝わる表現: **Ms. Watanabe is expecting you.**
渡辺がお待ちしております。

これは困る!告げられた方もビックリの勘違い英語です。be expecting は「来るものだと思っている」「あてにしている」という意味で、ビジネスの場ではよく使われますが、また**「おめでたである」という意味もあるフレーズ**です。この場合の expecting は自動詞で、目的語をとりません。これは be pregnant「妊娠している」の「婉曲語法」です。こんな間違いを起こさないためには、expect「お待ちしている」は他動詞ですので、必ず目的語(この場合は you)を入れましょう。

伝わりにくい表現: **Thank you for coming all this way.**
遠路はるばるお出でいただき、ありがとうございます。

伝わる表現: **Thank you for coming.**
お出でいただき、ありがとうございます。

Thank you for coming all this way. は間違い英語ではありませんが、**相手が、本当に遠いところから来ている場合にしか使いません**。日本語の「遠いところをお出でいただき、ありがとうございます」は実際の距離に関わらず社交辞令として問題なく使うことができますが、英語では場違いになることもあります。Thank you for coming. 「お出でいただき、ありがとうございます」で十分です。

伝わりにくい表現: **I'm sorry you waited.**
待ったのはあなたが悪い。

伝わる表現: **Sorry for keeping you waiting.**
お待たせして申し訳ありません。

I'm sorry you waited. 「あなたが自分で待つことを選択したのが、間違い」**これでは、待ったことが悪いと思わせるような英語になってしまいます**。「あなたが待った」ことではなく「こちらがお待たせしたこと」に対する sorry なのですから、やはり Sorry for keeping you waiting. 「お待たせして申し訳ありません」がぴったりでしょう。

伝わりにくい表現: Follow me, please.
ついていらっしゃい、わかった?

伝わる表現: Please follow me.
私について来てください。

Follow me, please. 「ついていらっしゃい、わかった?」。これは、**お願いというよりもむしろ、丁寧な命令**です。語順を変えて、Please follow me. 「私について来てください」であれば、丁寧な表現です。もっと丁寧に言いたいのであれば、Could you come with me, please? 「どうぞ、私について来ていただけないでしょうか?」がよいでしょう。

(お茶を出してひとこと)
伝わりにくい表現: Please drink it while it's hot.
口が焼けるほど熱いお茶を飲んでごらん。

伝わる表現: Please have some tea.
お茶をどうぞ。

日本では、来客にお茶を出して「熱いうちに召し上がってください」と言い添えるのはとても丁寧なおもてなしの言葉ですが、**アメリカでは、そんな熱い飲み物は飲めないと感じる人もいます**。ですから、while it is hot. 「熱いうちに」はピンと来ないかもしれません。簡単にPlease have some tea. 「お茶をどうぞ」。It's better when it's hot. 「熱いときの方が美味しいですよ」のひと言を添えるのもよいでしょう。

伝わりにくい表現: **Please take off your coat.**
コートを脱いで。分かった?

伝わる表現: **Take off your coat, if you'd like.**
よろしければ、コートをお脱ぎください。

来客が室内でコートを脱ぐか脱がないかは本人の選択です。風邪をひいてコートを脱ぎたくないかもしれないし、また下に着ている服の都合で脱ぎたくないかもしれません。通された部屋を寒く感じているかもしれません。こちらが Please take off your coat. と言えば脱がざるを得ない感じがしてしまいます。**if you'd like ...「もしよろしければ」のひと言を添えることで、来客は自分がどうしたいのか、気楽に言うことができるでしょう。**

伝わりにくい表現: **I heard about you.**
お前のことは知っているよ。

伝わる表現: **I heard all about you.**
お噂はかねがね伺っております。

ビジネスでよく使う決まり文句があります。**I heard all about you.「お噂はかねがね伺っております」はとても丁寧なあいさつのフレーズです。**しかし、決まり文句ではない I heard about you. は言葉通り「あなたのことは聞いたよ」ということです。悪いニュアンスがあるひと言です。

伝わりにくい表現: It's okay.
もういいよ。

伝わる表現: Let's forgive and forget.
済んだことは忘れましょう。

相手があなたに詫びを入れたときの返事としては、It's okay. という表現はいただけません。「もういいよ」といった意味で受け取られ、**不誠実な感じを与えてしまいます**。心からというより、仕方なく許している感じが伝わってしまうのです。より成熟した感じを与えたいのなら、Let's forgive and forget.「済んだことは忘れましょう」を使うのがいいでしょう。Let bygones be bygones.「過去のことは水に流しましょう」という表現もあります。もし、あなたがまだ相手を許して受け入れる心の準備が整っていないのならば、無理をせず今のあなたの率直な感情を伝えるのがベターです。

伝わりにくい表現: Ah, I'm sorry. Ah, your name ... I forgot.
ああ、すみません。あなたの名前は…忘れちゃいました。

伝わる表現: Please remind me of your name.
あなたのお名前は何でしたっけ？

相手の名前を忘れてしまうことはよくあることです。打ち合わせの前に確認しておくことはもちろん必要ですが、それでも打ち合わせの席に着いた途端に忘れてしまう可能性もありますね。そんなときには、口ごもったり焦ったりせず、落ち着いて Please remind me of your name. という表現を使ってみてください。相手の気持ちを害することなく、名前を確認することが可能です。

伝わりにくい表現: Do you have an appointment?
アポイントメントは取ってあるのですか?

伝わる表現: What time is your appointment?
アポイントメントは何時でしょうか?

日本では、会社を訪れた顧客に対して受付係が「ご予約はございますか」と尋ねることはさほど不自然ではありません。しかし、アメリカ人に向かって Do you have an appointment? というのは避けたほうがいいでしょう。これは、冷たい言い方で**「あなた、アポはあるんですか?」という感じに聞こえます。**不審な人物が社内に入りそうになっているなどにも用いられる表現ですから、こう言われたアメリカのビジネスマンは、会社自体に悪い印象を抱いてしまうでしょう。
What time is your appointment? のほうは、基本的に相手をひとりの顧客として信用している姿勢が表せる表現です。

伝わりにくい表現: Can you prove it?
証明できるのか?

伝わる表現: What evidence is there?
どんな証明ができますか?

会社を訪問する場合、ところによっては受付で会社名などを詳しく聞く場合もあります。**Can you prove it? のほうは、「証明できるんだろうな?」と相手の準備不足を責めているような響きがあります。稚拙ないじめとも受け取られかねない言い回しなので、できるだけ避けた方が利口です。** What evidence is there? 「どんな証拠があるの?」のほうは、感情的にならず、理性的に物事を検討している感じを与えることができます。

chapter 9　伝わる表現

あいさつ／お出迎え

□　いらっしゃいませ。

May I help you?

＊会社の受け付けや店などでお客さまを迎えるときの決り文句です。日本語の「いらっしゃいませ」に相当する丁寧な言い方です。

□　いらっしゃいませ。

Good morning./Hello./Hi.

＊こういった簡単なあいさつが「いらっしゃいませ」と同様のニュアンスになります。アメリカなどのビジネスシーンでは、丁寧なあいさつよりもフレンドリーなあいさつが好まれます。

□　どういったご用件でしょうか？

How can I help you?

＊「ご用件は?」のニュアンスで、最もよく使われるのがこの表現です。電話以外に、接客のときにも使えます。

□　お名前を伺ってもよろしいでしょうか？

May I ask your name?

＊「どちらさまですか?」「お名前を伺ってもよろしいですか?」といったニュアンスです。May I ask ...? で「…を伺ってもよろしいですか?」という意味になります。丁寧な言い方なので、ビジネスの場に適しています。

☐ ご用件を伺ってもよろしいでしょうか?

May I ask the purpose of your visit?

＊「ご訪問の目的を伺ってもよろしいでしょうか？」が直訳です。

☐ どちらさまですか?

I need to ask for your name?

＊「お名前を尋ねてもよろしいですか？」という丁寧な尋ね方です。

☐ こちらにお名前を記入していただけますか?

Could you sign in here, please?

＊ sign in は「署名をして入る」「(到着時に)記名する」という意味です。

☐ お名前をお願いします。

Could I have your name, please?

＊類似表現に、And you're ...?「ええと、そちら様は…？」などがあります。

☐ 会社名をおっしゃっていただけますか?

May I ask what company you're with?

＊ with を使うところがポイントです。I work with ABC. と言えば「ABCで働いています」という意味になります。また I work for ABC. もよく使われる言い回しです。

chapter 9

お客様を迎える

chapter 9 伝わる表現

- [ ] お約束はしてありますか?

Have you made an appointment?

*類似表現に、Have you set up an appointment?「お約束はしてありますか?」などがあります。

- [ ] スミス様ですね、承っております。

Are you Mr. Smith? We've been expecting you.

* We've been expecting you. は「あなた(が来ること)をお待ちしておりました」が直訳です。

- [ ] お会いするのを楽しみにしておりました。(初対面の人に)

We've been looking forward to meeting you.

* look forward to ... は「…を楽しみにしている」という意味。…は名詞あるいは動名詞(動詞の原形+ ing)が続きます。

- [ ] お会いするのを楽しみにしていました。(何度か会っている人に)

We've been looking forward to seeing you.

*類似表現に、It's good to see you.「ようこそお出でくださいました」などがあります。初対面の場合に多く使われるのがmeet。see は何度か会っている場合によく使われます。

☐ お待ちしておりました。

We've been expecting you.

＊このフレーズは単に「待っていました」という意味だけではなく、「心待ちにしていました」「ようこそ」といった歓迎する気持ちも込められています。

☐ 鈴木からお噂は伺っております。

I heard all about you from Mr. Suzuki.

＊I heard about you. は「あなたのことは聞きましたよ」。これは、あまりポジティブではなく、どちらと言えばネガティブなうわさを聞いた場合に使う言い回しですので気をつけましょう！

☐ このたびはご足労いただきまして。

Thank you for coming today.

＊「今日は来ていただいてありがとうございます」が直訳です。

☐ あいにくお約束がない方とは鈴木はお会いできません。

I'm afraid Mr. Suzuki doesn't see anyone without an appointment.

＊I'm afraid ... とすることで「申し訳ございませんが」「あいにく」といったニュアンスのフレーズになります。withoutは「〜なしで」「〜のない」という意味です。

chapter 9　伝わる表現

- [ ] わざわざ会いに来ていただきまして、本当に感謝しております。

  I really appreciate you coming all this way to see me.

  ＊心から丁寧な感謝の意を表したいときには I really appreciate you ... といった言い方が適しています。

- [ ] 鈴木は約束のあるお客さまとだけ面会します。

  Mr. Suzuki only meets people by appointment.

  ＊by appointment は「約束して」「予約して」という意味です。

- [ ] 申し訳ありませんが、お約束をお取りになってから お越しいただけますか。

  I'm sorry, but I need to ask you to make an appointment for later.

  ＊make an appointment は「予約を入れる」「約束を取りつける」の意味。

客を待たせる

- [ ] すぐに呼び出します。

  I'll have him come right away.

  ＊類似表現に、He's on his way.「今こちらに向かっております」などがあります。

☐ ただいま連絡しますので、しばらくお待ちください。

I'll contact him right now. Can you wait for just a minute?

＊contact は「(人に)連絡する」という意味です。

☐ すぐにまいりますので、もうしばらくお待ちください。

He'll be here in just a moment. Please wait for just a little longer.

＊「もうしばらく」は for just a little longer です。

☐ お掛けになってお待ちください。

Please have a seat while you wait.

＊while は「～している間」という意味です。

☐ よろしければお掛けになってお待ちください。

Have a seat while you wait, if you'd like.

＊「おかけください」は Have a seat. で Sit down. ではありません。Please have a seat.「お掛けになってください」でもOKです。

☐ お待たせして申し訳ありません。

I'm sorry to keep you waiting.

＊sorry to ... で「…することを申し訳なく思う」という意味。to ... には動詞の原形が来ます。

chapter 9　伝わる表現

☐ お待たせして申し訳ありません。

I'm sorry for keeping you waiting.

＊ sorry for ... で「…を申し訳なく思う」という意味です。…には名詞、あるいは動名詞(動詞の原形+ing)が来ます　keep someone ... は「〜を…の状態にしておく」、すなわち「待たせている」という意味です。

☐ お待たせいたしました。

Thank you for waiting.

＊「お待ちいただきありがとうございました」が直訳です。

ご案内する

☐ 応接室にご案内いたします。

Let me take you to the meeting room.

＊類似表現に、Let me show you to the conference room.「会議室へご案内します」I'm sorry to keep you waiting. Please follow me.「お待たせして申し訳ございませんでした。ご案内いたします」などがあります。

☐ すぐに鈴木がまいりますので。

Mr. Suzuki will be with you soon.

＊ ... will be with you soon. で「すぐに…がまいります」という意味になります。ビジネスシーンでよく使われるフレーズです。類似表現に、Mr. Suzuki will be here soon.「鈴木がすぐにまいります」もよいでしょう。

☐ どうぞこちらへ。

Please come this way.

＊類似表現に、Thank you for waiting. This way, please.「お待たせしました。どうぞこちらへ」などと言うこともできます。

☐ こちらのお部屋でお待ちください。

Could you please wait here?

＊「こちらでお待ちいただけますか?」が直訳です。類似表現に、I'd like to ask you to wait here.「こちらでお待ちください」などがあります。

☐ どうぞお先に。

After you.

＊入り口の扉を手でおさえ、客人を先に通すときの決り文句です。「あなたの後にまいります」が直訳です。類似表現に、Please go in.「どうぞお入りください」などがあります。

☐ どうぞ楽にしてください。

Please make yourself comfortable.

＊「あなた自身を居心地よくさせてください」が直訳です。

☐ もうしばらくお待ちください。

Could you wait for just a minute more?

＊I need to ask you to wait for just a while longer.などもよいでしょう。

chapter 9 お客様を迎える

chapter 9 伝わる表現

- [ ] 担当者の会議が長引いております。いましばらく
お待ちいただけますか?

The meeting is taking longer than expected. Could you wait a few more minutes?

* longer than expected は「予想された時間よりも長く」の意味です。「会議が予定よりも時間がかかっています。もう少しお待ちいただけますか?」が直訳です。

- [ ] (コートや傘などを) お預かりしましょう。

Let me take your coat for you.

* Let me take your ... for you. で「…をお預かりしましょう」という意味になります。「傘」なら Let me take your umbrella for you. です。

- [ ] コートをお掛けしましょう。

Let me hang up your coat.

*類似表現に、Let me get your coat.「コートをお預かりします」、I'll get you a hanger.「ハンガーをお持ちします」などがあります。

お茶を出す

- [ ] はい、どうぞ。

Here you are.

*カジュアルな言い方です。

- [ ] 粗茶ですが。

Here's some tea.

＊「お茶ですが、よろしければどうぞ」が直訳です。粗茶は日本独特のへりくだった言葉です。

- [ ] 楽にしてください。

Please relax.

＊ビジネスシーンで非常によく使われる定番フレーズです。「お楽にしてください」「おくつろぎください」といったニュアンスです。

- [ ] ご丁寧にありがとうございます。

Thank you. That's very thoughtful.

＊「ありがとうございます。ご親切に」が直訳です。thoughtful は「思いやりのある」「親切な」の意味。類似表現に、Thank you very much.「どうもありがとうございます」などでも OK です。

- [ ] そんなことまでしていただかなくても結構でしたのに。

You shouldn't have.

＊直訳すると「そのことをするべきではなかった」ですが、意味は「そこまで親切なことをしなくても…」ということです。転じて「ありがとう」のように感謝を表わす意味になります。

chapter 9　伝わる表現

名刺交換

☐ 加藤由香と申します、よろしくお願いいたします。

My name is Yuka Kato. I'm happy to meet you.

* I'm happy to meet you. は「お会いできてうれしく思います」という意味ですが、初対面のあいさつでは「どうぞよろしく」のニュアンスが強くなります。類似表現に、Hi, I'm Yuka Kato. I've been looking forward to meeting you.「加藤由香です。お会いするのを楽しみにしておりました」などがあります。

☐ あいにく名刺を切らしていまして、申し訳ありません。

I'm afraid I'm out of business cards. I'm very sorry.

* out of ... で「…を切らしている」という意味になります。「名刺」は business cards です。

☐ 申し訳ありません。ちょうど名刺を使い切ってしまったものですから。

I'm sorry, but I just gave out my last business card.

* give out は「渡す」「配る」という意味です。

Column

日本とアメリカの名刺交換事情

名刺（business card, name card）は社会で働く日本人にとって、とても大切です。名刺を持たずに、商談に出向くことなど、考えられません。例え、茶髪、ロン毛の今風の若者でも、ほとんどの人は仕事をしている限り、名刺を携えて仕事に臨みます。名刺は、自分の名前や役職を覚えてもらうためのものであり、同時に相手の情報を得るための重要なツールです。ですから、まず出会ったときには名刺交換。名刺の扱いも丁寧です。両手で丁重に差し出し、相手の名刺も両手で大切に受け取ります。机の上に、きちんと並べて顔と名前を一致させながら、話を進める人もいます。

しかし、アメリカ人は違います。片手で渡し、片手で受け取り、そのままポケットにしまってしまう人もいるかもしれません。さっとポケットに納めるために、2つに折り曲げるかもしれません。机の上において、名刺の裏面をメモ代わりに使う人もいるかもしれません。そんな、とんでもない！と日本人は仰天するでしょう。日本人はすべての名刺を名刺フォルダーにきちんと整理するほど大切にしているのですから。でも、これは単に名刺に対する日米の文化の違いなのです。決してアメリカ人があなたという人間に何か含みを持っているということではありません。アメリカ人にとって、名刺は、情報が書き込まれているメモ書きに過ぎないのです。

外国人とビジネスをするのは、そのような文化的ギャップを理解することでもあります。多少の違いはおおらかに笑ってやり過ごせる気持ちが大切です。

chapter 9　伝わる表現

☐ いろいろと評判は伺っております。

I've heard so many good things about you.

＊ネイティブでもI heard so many ... と過去形で言う人もいますが、この場合は過去から現在に至るまで評判を聞いているということですから、きちんと現在完了形＜have (has) + 動詞の過去分詞＞で表わしましょう。

見送る

☐ では、ここで失礼いたします。

I'll see you off here.

＊ see someone off で「～を見送る」の意味です。「こちらでお見送りさせていただきます」が直訳です。

☐ 本日はありがとうございました。

Thank you for everything today.

＊漠然と礼を言うときに使える便利なフレーズです。ビジネスシーンでは、別れ際のあいさつとしても使われています。類似表現に、Thank you for coming today.「今日はお越しいただきありがとうございました」などがあります。

☐ お気をつけて。

Take care.
Have a safe flight.

＊客人が飛行機で帰るときの言い方です。「安全なフライトを」が直訳。
Drive carefully. は客人が自動車を運転して帰るときの言い方です。

☐ わざわざおいでいただきましてありがとうございました。

Thank you for taking the time to come.

＊ take the time to come は「来るために時間をとる」の意味です。

☐ みなさまによろしくお伝えください。

Please give my regards to everyone.

＊類似表現の、Please tell everyone hi for me.「みなさんによろしく言ってください」はカジュアルな表現です。

chapter 10
お客様を訪問する

Give it your best shot.

伝わりにくい表現: **I bought this specially for you.**
あなたのために特別に買ってきました、賄賂です。

伝わる表現: **I saw this and decided to get one for you.**
たまたま見かけましたので買ってきました。

西洋では、日本のようにビジネスの場で贈り物をする文化はあまりありません。I bought this specially for you.「特別にあなたに買ってきました」と言えば、何か隠れた意図があるのではないか、賄賂ではないかと痛くもない腹を探られかねません。I saw this and decided to get one for you.「たまたま見かけましたので買ってきました」と言えば、相手も賄賂かも？などと心配することもないでしょう。ネイティブは何か渡すときによく I bought too many of these. Would you take one?「買い過ぎてしまったので、ひとついかが？」などを使います。

伝わりにくい表現: **Do you have a toilet?**
便器はある？

伝わる表現: **Do you have a restroom?**
トイレはありますか？

日常生活にかかすことのできない「トイレ」は、アメリカでは bathroom、restroom、イギリスでは toilet と呼ぶのが普通です。アメリカでは、実は **toilet というと「便器そのもの」を指してしまうので気をつけましょう。**例えば、Do you have a toilet? とアメリカで言うと「便器はある？」という意味になってしまいます。これでは聞かれた相手もびっくりです。理由を知ったあなたも後でびっくりの勘違いです。住宅のトイレは bathroom ですが、普通会社などでは restroom と言います。

伝わりにくい表現
Where were you born?
産まれた場所はどこですか?

伝わる表現
Where are you from?
どこのご出身ですか?

日本では生まれ育った場所と、現在住んでいる場所が同じである人も多くいますが、**アメリカでは昔から移動するという文化的背景があるために、出生地がそれほど重要だという感覚はありません。**ですから、ことさら誕生の場所を尋ねることは、単なるあいさつの一環とは考えず、その人の生い立ちを詳しく聞きたいときの質問のような感じます。ここは Where are you from?「ご出身はどちらですか?」と聞く方が自然です。それよりも Are you from around here?「ご出身はこのあたりですか?」であれば、様々な答え方がありますので、相手から情報を聞き出そうとするニュアンスはまったくありません。

伝わりにくい表現
Let's have an exchange of ideas.
お互いに考えの交換を行いましょう。

伝わる表現
Let's exchange ideas.
お互いの考えを交換しましょう。

英語表現では、英語の切れがいいものが好まれます。**できるだけ動詞のダブる言い方は避けましょう。**have an exchange のように、わざわざ have と exchange という2つの動詞(実際には exchange は名詞化している)を用いるよりも、単純に exchange と1つの動詞で表現するほうが、動詞自身のにおいやインパクトのある、切れのいい言葉として響きます。

伝わりにくい表現

(How are you? と聞かれたら)

Fine, thank you.

ありがとう、元気ですよ。

伝わる表現

Pretty good.

元気ですよ。

Fine, thank you. はよく教科書などで扱われる表現ですが、これは実際の会話では、How are you? と同様かしこまった響きがあります。フォーマルな場で初対面の人に対して使うのは問題ありませんが、毎日のように一緒に仕事をしている同僚へのあいさつとしては不適当ですね。普通の仕事の場面では、ほとんどの場合、**堅苦しくするよりフレンドリーな態度で他人と接するほうが人間関係はスムーズに行きます**。Pretty good. 「調子いいよ」といった気さくな言い方を多用することを心がけましょう。ほかにも Really good. 「すごくいいよ」、Not bad at all. 「すごくいいよ」、Couldn't be better. 「最高だよ」といった返事なら、相手にあなたのフレンドリーな気持ちが伝わります。

伝わりにくい表現

Are you sure?

本当ですか?

伝わる表現

Are you certain?

確かですか?

Are you sure? という表現はあまりにラフな表現です。**友人同士の会話で使う表現としては最適ですが、ビジネスで使う表現としてはオススメできません**。伝わる表現のように、certain「確かだ」という単語を使った表現で確認を求められたほうが、より詳細に返答を行わざるを得なくなるはずです。

伝わりにくい表現: I'll think about it.
考えてみますよ

伝わる表現: I need more time to think about this.
この件は考える時間が必要です。

I'll think about it. は「検討してみます」という意味ではありません。よく、日本人は「考えてみます」という言葉で返事を引き延ばそうとしますが、はっきりした返事をしなければ、相手からあなたは不誠実な人間だと思われてしまいます。もし、**日本人的に漠然と「考えてみます」と言いたいだけなら、I need more time to think about this. を使うのがお勧めです**。単純に「考える時間が必要だ」といった意味で用いられます。

伝わりにくい表現: Man! I can't believe this.
畜生！ 信じらんねえよ。

伝わる表現: I can't believe this.
信じられないよ。

それほど周囲の神経を逆なでしないけれども、**下品あるいは低レベルだとみなされるような言葉**があります。Man! もそのひとつで、何かで悔しい思いをしたときに用いられる感情的な言葉ですが、このような表現を極力避けることで、より上品で理性的な人物だと評されるようになるでしょう。

chapter 10 伝わる表現

受け付け

- [ ] 3時にお約束しております鈴木太郎ですが。

I'm Taro Suzuki. I have an appointment at 3:00.

*I have an appointment at ... で「…時にお約束しております」になります。

- [ ] ブラウンさんはいらっしゃいますか?

May I see Mr. Brown?

*「ブラウンさんにお会いできますでしょうか?」が直訳です。

- [ ] ブラウンさんはお手すきでしょうか?

Is Mr. Brown available?

*available は「(面会などに)応じられる」という意味です。

- [ ] ブラウンさんと4時にお会いすることになっているのですが。

I have an appointment with Mr. Brown at 4:00.

*類似表現に、My appointment is with Mr. Brown at 4:00.「ブラウンさんと4時の約束です」などがあります。

☐ ちょっとそこまで来たものですから。

I was in the neighborhood and thought I'd drop by.

＊「近所まで来たものですから、寄ってみようと思いまして」が直訳です。drop by は「ちょっと立ち寄る」という意味です。

☐ ブラウンさんにごあいさつしようと伺いました。

I'd just like to say hi to Mr. Brown.

＊ say hi to ... は「…にあいさつする」の意味。「ブラウンさんにごあいさつがしたいだけなのですが」が直訳です。類似表現に、It's nothing important. I just wanted to say hi to Mr. Brown.「たいした用件ではないんです。ただブラウンさんにごあいさつをしようと思いまして」などがあります。

不在だった場合

☐ また改めてお伺いいたします。

I'll drop by some other time.

＊「また別の機会に寄らせていただきます」が直訳です。

☐ また後ほど寄らせていただきます。

I'll drop by later.

＊類似表現に、I'll come back later.「また後で来ます」などがあります。

chapter 10 伝わる表現

☐ よろしくお伝えください。

Please give him my regards.

*フォーマルなeメールやビジネスレターにも使える表現です。

☐ 彼によろしくお伝えください。

Please say hi to him for me.

*類似表現に、Give him my best.「彼によろしくお伝えください」などがあります。

お茶（茶菓子）をすすめられる

☐ どうぞおかまいなく。

Don't trouble yourself.

* trouble はこの場合「手を煩わせる」の意味です。

☐ お言葉に甘えて。

Thank you very much.

*「どうもありがとうございます」が直訳ですが、お茶をすすめられてこう言えば「遠慮なくいただきます」「それではお言葉に甘えて」のニュアンスになります。

☐ 恐縮です。

I appreciate it.

＊appreciateは「感謝する」「ありがたく思う」という意味です。同意表現にはI appreciate everything.「すべてに感謝します」I appreciate your help.「お力添えに感謝します」I appreciate all you did.「してくださったことすべてに感謝します」。

☐ 美味しそうですね。

This looks good.

＊英語に「いただきます」に相当する言葉はありませんが、「これは美味しそうですね」が「いただきます」に近い決まり文句と言えるでしょう。It smells good.「いい匂いですね」も同様。good の代わりに great, wonderful, nice など、あなたの印象に従って、様々に言い換えることができます。

手土産を渡す

☐ つまらないものですが。

I picked up a little something for you.

＊手土産を渡すときの一般的なフレーズです。日本語の決り文句「つまらないものですが」に相当します。

☐ お口に合いますかどうか。

I hope you like them.

＊「お好きだといいのですが」が直訳です。

chapter 10　伝わる表現

紹介する

☐ 弊社の社長の高橋です。

This is our president, Mr. Takahashi.

＊「こちらにおりますのが…です」と紹介するときには、This is ... と言うのが普通です。This is Mr. Takahashi, our president.

☐ お会いできて光栄です。

It's a pleasure to meet you.

＊ pleasure は「喜び」の意味です。I'm happy to meet you.「お会いできて幸せです」もOKです。

☐ はじめまして。

Nice to meet you.

＊ビジネスシーンに限らず、初対面の人に会ったときの最も一般的なあいさつです。

☐ お会いできるのを楽しみにしていました。

I've been looking forward to meeting you.

＊現在完了形＜have ＋ 動詞の過去分詞＞の継続を使うことで長い間楽しみにしていた気持ちを表しています。

ちょっとした会話

☐ お元気そうでなによりです。

I'm glad to see you're doing well.

＊do well は「健康である」「順調である」といった意味です。

☐ 相変わらず、お忙しそうですね。

You seem busy as usual.

＊as usual は「いつもどおり」「相変わらず」の意味です。

☐ 相変わらず忙しそうですね。

You seem as busy as ever.

＊類似表現に、It looks like you're keeping busy.「忙しそうですね」などがあります。

☐ ご家族はいかがですか?

How is your family?

＊How is ...? で「…はお元気ですか?」「…はいかがですか?」の意味になります。

☐ だんだん寒くなってきましたね。

It seems like it's getting colder every day.

＊「毎日寒くなっていくようですね」が直訳。get colder で「より寒くなる」の意味。

chapter 10 お客様を訪問する

chapter 10　伝わる表現

□　なかなかいいオフィスですね。

This is quite a nice office.

* quite は「なかなか」「ちょっとした」という意味です。ビジネスシーンに適した表現です。類似表現に、You have a very nice office.「とてもいいオフィスですね」などがあります。

Column

家族の写真がいっぱいのオフィス・イン・アメリカ

オフィスにはプライベートを持ちこまないというのが日本の流儀なら、会社のオフィス机に家族や恋人、果てはペットの写真まで所狭しと並べているのは欧米流です。オフィスには不似合いな明るい笑顔のオンパレードに、日本人はなかなかコメントをしづらいようです。

最近では、携帯の待ち受けに子供の写真を貼ったりするサラリーマンも増えているようですが、やはりオフィスとなれば、話は違います。机の上に家族の写真を並べていれば、公私混同していると思われるかもしれません。

しかし、欧米では家族を愛するのもデキる男の証です。取引先のオフィスを尋ねたときに、せっかく飾ってある写真を無視する手はありません。自分の携帯の待ち受けの家族写真を見せたり、家族の話をするのも、よいかもしれませんね。

□ 毎日暑いですね。

It's sure been hot recently.

* recently は「ここのところ」「この頃は」の意味です。暑さを強調する意味でsureが使われています。

□ 春はもうそこまできています。

It looks like spring is around the corner.

* around the corner は「すぐ間近に」「すぐそこに」という意味です。

□ 冬もすぐそこですね。

It looks like winter is on its way.

*類似表現に、Winter's just around the corner.「もうすぐ冬ですね」などがあります。

商談する

□ 始めさせてください。

Let me begin, please.

* Let's begin. もこのような場合によく使われるフレーズです。こうして声をかけたにもかかわらず、何も始まらない場合はCome on, let's begin. を使います。これは「ちょっと、ちょっと、始めましょうよ」に近いニュアンスです。

chapter 10 伝わる表現

- [ ] さっそくですが本題に入らせていただきます。

Well, let's get down to business.

* get down to business で「本題に入る」「具体的な仕事の話をする」といった意味になります。

- [ ] 資料をご覧ください。

Please look at this document.

*「資料」はdocument です。Please look at ... で「…をご覧ください」という意味になります。

- [ ] こちらをご覧ください。

Please look at this.

*類似表現に、I'd like you to look at this.「こちらを見ていただきたいのですが」などがあります。

- [ ] こちらをお読みください。

Please read through this.

* read through は「ざっと目を通す」の意味です。

- [ ] ご説明いたします。

Please let me explain.

* explain は「説明する」の意味。「私に説明させてください」が直訳です。

☐ 気に入っていただけると思います。

I know you're going to like this.

＊「あなたが気に入ることは分かっています」が直訳です。

☐ きっとご満足いただけると確信しております。

I can say for sure that this is what you want.

＊I can say for sure that ... で「…を確信してます」という意味になります。

☐ 喜んでいただけて何よりです。

I'm really glad you like it.

＊I'm really glad ... で「…していただけて本当に何よりです」という意味になります。

条件について話す

☐ 見積りを出していただけますか?

Would it be possible to get an estimate?

＊Would it be possible to ...? は「…するのは可能ですか?」の意味。

☐ 560ドルでどうでしょう?

What about $560?

＊How about $560? でもOKです。

chapter 10 お客様を訪問する

chapter 10 伝わる表現

☐ もう少し安くなりませんか?

Can't you lower the price just a little?

* lower the price は「値段を下げる」の意味。類似表現に、Can you go just a little lower?「もうちょっとだけ安くできませんか?」などがあります。

☐ 何とかお願いできないでしょうか?

Is there anything you can do?

* anything には「何とか」という意味があります。Is there anything at all you can do? と言えば、anythingを強調した言い方になります。

相手に話を合わせる

☐ ごもっともです。

You're right about that.

*相手の発言に同調するときのフレーズです。「ごもっともです」「おっしゃるとおりです」といったニュアンスです。

☐ おっしゃることはよくわかります。

I see what you mean.

*このsee は「理解する」「わかる」といった意味です。

- [ ] あなたの立場はわかります。

I understand your position.

＊相手に同情する気持ちはありますが、ただ話を聞いているだけという「大変ですね」に近いニュアンスです。

- [ ] お任せください。

Leave it to me.

＊このleaveは「（人に物事を）任せる」「ゆだねる」という意味です。

遠まわしに断る

- [ ] 検討しておきます。

I'll think about it.

＊「考えておきます」「検討しておきます」といったニュアンスです。遠まわしに断るときの一般的なフレーズです。

I'll consider it.

＊considerは「（提案などを）検討する」という意味です。

- [ ] 社の者と相談しなければなりませんから。

We'll have to discuss this with our people.

＊「社の者」は簡単にour peopleで表わせます。

chapter 10　伝わる表現

- [ ] 上司に相談してみます。

  I'll have to talk with my superiors.

  ＊ superiors は「上役」「上司」の意味。反対語の「部下」は subordinate。

- [ ] 上司に相談せずには決められません。

  I can't make a decision without consulting my boss.

  ＊ boss は「上司」という意味です。

- [ ] 会議にかけて検討してみないと何とも申し上げられません。

  I won't be able to give you an answer until after the meeting.

  ＊「会議が終わるまでは、返事をすることができません」が直訳です。

- [ ] 社の者からも聞いてみないと、なんともお返事できません。

  We need to get some input from my company before responding.

  ＊「お返事する前に社の者から意見を聞く必要があります」が直訳です。

- [ ] 私の一存ではなんとも申し上げられません。

  I can't make that decision by myself.

  ＊ make a decision by myself は「自分で決定する」の意味です。

☐ 申し訳ありませんが、これはわたしの独断で
決められることではありません。

I'm afraid this isn't a decision I can make by myself.

＊I'm afraid this isn't my decision. でもOKです。

商談を断る

☐ 残念ですが今回はご希望に沿いかねます。

I'm sorry we couldn't meet your expectations.

＊meet one's expectation で「〜の希望に沿う」という意味になります。

☐ 良いお返事ができずに申し訳ありません。

I'm sorry things didn't work out.

＊work out は「良い結果となる」「うまくいく」という意味です。

☐ ご期待を裏切ってしまって申し訳ありません。

I'm sorry for letting you down.

＊let down のように＜他動詞＋副詞＞の句動詞では、目的語が you のような代名詞であれば、let you down のように入れます。また boss のような普通名詞や固有名詞であれば、let down my boss のような語順になります。

chapter 10 伝わる表現

☐ お力になれればいいのですが、そうもいかないんです。

I wish I could help, but I can't.

＊お馴染みのI wish I were a bird.「鳥だったらいいのになあ」と同じ仮定法です。「どんなに望んでも鳥ではない」事実を言っている文。「あなたを手助けできたらなあ（でも実際にはできないんです）」の意味です。

☐ 力不足で申し訳ありません。

I'm sorry I'm not much help.

＊「大してお力になれませんで」「力不足で申し訳ありません」といったニュアンス。

☐ 何度も足を運んでいただいて申し訳ありません。

I'm sorry to make you come for nothing so many times.

＊「お力になれなかったのに、何度もお呼びだてしてしまって申し訳ありません」。相手を気遣う気持ちが表れた一言です。

☐ 大変ご迷惑をおかけしてしまったようで。

I know I've put you to a lot of trouble.

＊類似表現に、You have my apologies for all the trouble.「いろいろとご迷惑をおかけしてしまって申し訳ありませんでした」などがあります。

☐ またの機会にさせていただきます。

I'll have to pass this time.

＊「今回はパスしておきます」が直訳です。

☐ ちょっとダメそうです。申し訳ありません。

It looks like things aren't going to work out. I'm sorry.

* things aren't going to work out は「思う通りにいかない」というニュアンスです。この場合の things は「事態」「ものごと」という意味です。

☐ 良いご報告ができればよかったのですが。

I wish I had some good news for you.

* I wish ... には「残念」の意味が含まれます。I wish I had some good news ...「良いニュースがあればよかったのに」すなわち「ないのが残念です」の意味です。

商談中食い下がる

☐ 安くさせていただきます。

I can give you a good deal.

* good deal は「安い買い物」という意味です。「安くしておきますよ」「勉強しときますよ」というニュアンスになります。

☐ 何かお付けしますよ。

I'll throw in some extras.

* throw in は「(おまけとして)何かつける」の意味。extraは「余分なもの」「おまけ」という意味です。

chapter 10　伝わる表現

☐　そこを何とかお願いします。

I just need to ask you to do this.

＊「これをするようにあなたに頼む必要があります」が直訳です。

☐　何とかお願いします。

Please help me out.

＊類似表現に、Please try.「何とかやってみてください」などがあります。

☐　このとおりですからお願いします。

I'll beg if I have to.

＊「このとおりです」と頭を下げるときのひと言です。beg は「懇願する」の意味です。if I have to は「〜する必要があるのなら」という意味で、「頭を下げる必要があるなら頭を下げます」が直訳です。

☐　できる限りやってみてください。

Please give it your best shot.

＊ give one's best shot は「全力を尽くす」「最大限頑張る」の意味になります。

許可を求める

☐ お手洗いをお貸りしてもいいですか?

May I use your restroom?

＊restroom は「手洗い」「化粧室」の意味です。

☐ お手洗いを貸していただけますか?

May I borrow your restroom?

＊May I ...?は「…してもいいですか?」の意味です。レストランなどで May I have coffee? と言うと、頼むというより命令するニュアンスになります。

☐ お手洗いを使わせてください。

Let me use your restroom.

＊これは知り合いなどに対するカジュアルな言い回しです。

☐ タバコを吸ってもかまいませんか?

Do you mind if I smoke?

＊Do you mind if ...? で「…してもかまいませんか?」という意味になります。

☐ タバコを吸ってもよろしいでしょうか?

Would you mind if I smoked?

＊Do you mind if ...? と意味は同じですが、多少丁寧な言い方。

chapter 10 伝わる表現

☐ ここは喫煙してもいい場所ですか?

Is this a smoking area?

＊Is there a smoking area? なら「喫煙する場所はありますか?」の意味。

☐ 電話をお借りしてよろしいですか?

May I borrow your telephone?

＊May I borrow ...? で「…をお借りしてもいいですか?」という意味になります。丁寧な言い方。

☐ ちょっと失礼します。

I need to excuse myself for a minute.

＊excuse oneself は「席を外す」という意味です。

☐ ちょっと失礼します。すぐ戻ります。

Let me sneak out for a minute. I'll be right back.

＊sneak out は「その場を去る」という意味です。

情報を聞き出す

□ 出身地はどこですか?

Where are you from?

＊類似表現に、Where's your hometown?「郷里はどちらですか?」などがあります。

□ メールアドレスを教えていただけますか?

Could you give me your mail address?

＊丁寧な言い回しです。give を tell にしてもOKです。

失礼する

□ では、そろそろ。

Well, I'd better be going.

＊この Well は「では」「さてと」といったニュアンスです。

□ もう帰らなくては。

I'd better get going.
I'd better be on my way.

＊両方ともフレンドリーです。「さあ、帰らなくては」と初めて口にするときの言い回しです。「そろそろ」といったニュアンスが含まれています。

chapter 10 伝わる表現

□ 本当にもう行かなくては。

I really have to go.

＊相手に焦っている感じが伝わる表現です。

□ 長居をしてしまって、すみませんでした。

I really didn't mean to stay so long.

＊「こんなに長居をするつもりは本当になかったんです」が直訳。mean to は「～するつもりである」。

□ 長居をして、ご迷惑でなかったでしょうか。

I hope I didn't overstay my welcome.

＊ overstay one's welcome は「長居をして嫌われる」の意味です。

□ またよろしくお願いします。

I'll see you again.

＊「またお会いしましょう」が直訳です。英語には「よろしくお願いします」に相当する厳密な表現はありません。代わりに気の効いたひと言をかけるようにしましょう。

□ また今度。

See you later.

＊日本語で言えば「後ほど」の later も示す範囲があいまいです。1時間後でもlaterですし、数日後、数か月後でも later です。See you later は数か月先であってもOKです。

☐ また近いうちに。

I hope we can meet again soon.

＊別れるときの定番表現のひとつです。

☐ 今後ともよろしくお願いします。

I'm sure we're going to be good partners.

＊これからも良い付き合いをしていきたいという気持ちを伝えるフレーズです。「きっと良い協力者（パートナー）になれると思います」が直訳です。

☐ きっと一緒に良い仕事ができると思います。

I'm sure we're going to work well together.

＊I'm sure を文頭につけることで「きっと〜でしょう」と軽く確信を示すフレーズになります。

☐ 大変貴重な時間をいただきまして、ありがとうございました。

Thank you for your valuable time.

＊「貴重な時間」は valuable time でOKです。類似表現に、Thanks for your time.「お時間をいただきありがとうございます」などがあります。

☐ 会う時間をとっていただき、ありがとうございます。

Thanks for taking the time to see me.

＊「会うために時間を割いていただきありがとうございます」が直訳です。

chapter 10 お客様を訪問する

chapter 11
帰る

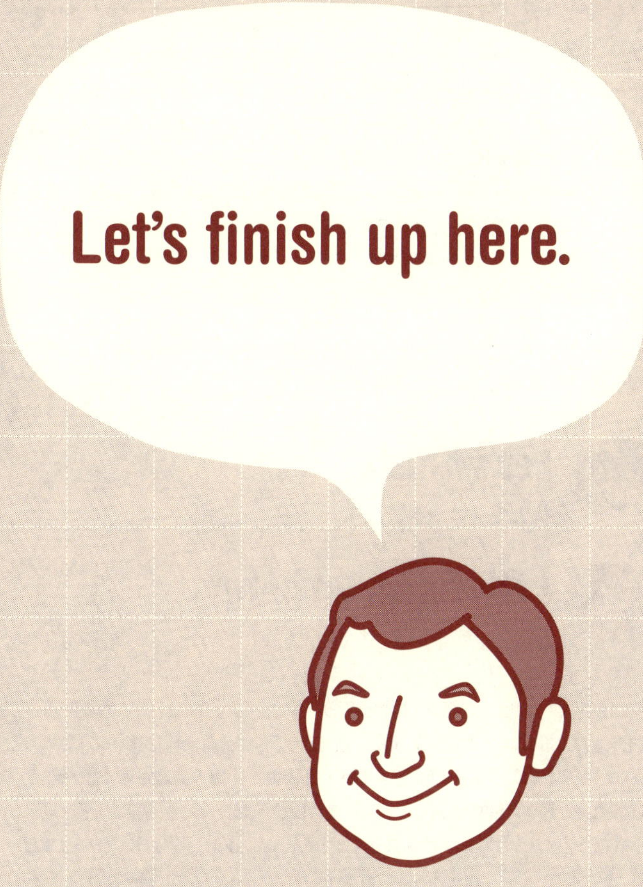
Let’s finish up here.

伝わりにくい表現: I'm going to go back home.
実家に帰ろうっと。

伝わる表現: I think I'm going to go home.
(他に何もなかったら) もう帰ろかな。

go back home は自分の家に帰るというよりも、「実家に帰る」というニュアンスです。**back には強調の意味があって、普段の家ではなく「本来の家に戻る」という意味合いが強くなっています。**「家に帰ります」は I'm going to go home. でもかまいませんが、I think ... を前に置くことで、「他に何もなかったら」というニュアンスになり、より丁寧な言い方になります。また go home はただ「帰ること」で、必ずしも帰宅することではありません。

伝わりにくい表現: Let's finish.
終わるまでやりましょう。

伝わる表現: Let's finish up here.
とりあえず今日はここまでにしましょう。

英語が難しいのは日本語をそのまま訳しても、ネイティブの耳にはその英語が別の意味に聞こえてしまうことが多々あるから。Let's finish. は確かに「終わりにしましょう」なのですが、**ネイティブは「最後まで仕事を完成させましょう」と言われたと思う可能性があります。**完成はしていませんが、「今日はひとまず帰りましょう」と言うのであれば、Let's finish up for today.「今日はとりあえずここで終わりましょう」Let's finish up and go home.「ひとまず終わりにして家に帰りましょう」などと言えば、誤解されることはないでしょう。

伝わりにくい表現: **Let's go drinking.**
ふらふらになるまで飲もうぜ。

伝わる表現: **Let's go out for a drink.**
一杯いかがですか。

go drinking はあまりビジネスで使われない表現です。「一杯軽く飲む」というイメージよりも「ガンガン飲もうぜ」といったニュアンスです。Let's go out for a drink「飲みに行こう」、Let's go get a drink.「飲みに行こう」のようにa drinkであれば、「一杯飲もう」というニュアンスになります。

伝わりにくい表現: **You can come, if you want.**
どうしても一緒に来たいなら仕方がないな。

伝わる表現: **Why don't you join me?**
是非ご一緒しましょう!

日本語を文法通りに訳したら、if you want「もし来たいんだったら」You can come.「(仕方ないから)来てもいいよ」になってしまいます。これはあまり来てもらいたくない人にいう言葉です。Why don't you join me? は直訳すれば「どうして私に加わらないの?」、すなわち「是非ご一緒しましょう」という心からのお誘いのフレーズです。**そのまま暗記して早速使ってみましょう。**

伝わりにくい表現
I can't work overtime today.
今日は残業できないんです。

伝わる表現
I've decided not to work overtime today.
今日は残業しないことに決めているんです。

きっぱりと拒否する表現。伝わりにくい表現は日本では、十分通用するフレーズだと思いますが、アメリカ人にはあまり効果がない表現です。これを聞いた相手は、「残業できない理由が解決されれば、残業してもらえる」と解釈してしまいます。ある意味期待をもたせてしまう表現なのです。**断るつもりなら、伝わる表現のように、自分の判断をはっきり伝えるようにするのがよいでしょう。**そうすれば、その後はしつこく理由までたずねられることはあまりないでしょう。

伝わりにくい表現
Goodbye.
さようなら。

伝わる表現
It was nice talking to you.
お話しできてよかったです。

Goodbye. は普通のあいさつとしては使われますが、あまりインパクトのない表現です。ビジネスのミーティングなどで相手と別れる場合には、**It was nice talking to you.「お話しできてよかったです」**という表現がお勧めです。相手との会合の成果を強調しながら、さりげなく別れのあいさつをすることができます。It was nice seeing you.「お会いできてよかったです」、It has been a real pleasure.「お会いできて本当に楽しかったです」といった言い方も覚えておきましょう。

伝わりにくい表現: What's your problem?
何か文句でもあるの?

伝わる表現: Is there something you'd like to talk about?
何か相談したいことがあるの?

What's your problem? という表現では、不服そうにしている相手に「何か文句があるのか?」と問いただしているように聞こえてしまいます。
Is there something you'd like to talk about?「何か相談したいことがあるの?」なら、相手を気遣ってかけてあげる言葉だと受け取ってもらえます。

伝わりにくい表現: Let's ignore this issue.
この件には目をつぶろう。

伝わる表現: Let's put this issue on hold until the Monday meeting.
この件は月曜の打ち合わせまで持ち越そう。

ignore「無視する」にはネガティブな響きがあります。難しい問題を議論するのを避け、引き延ばしているような印象を与える表現ですから、ビジネスの場面にはふさわしくありません。即座に解決が難しい問題にぶつかったときにはきちんと期限付きで先送りしましょう。そうすれば、今後検討すべき問題として参加者の記憶にきちんと残しておくことができます。

chapter 11 伝わる表現

帰る

☐ お先に失礼します。(そろそろ帰ろうと思います)

I think I'm going to take off.

＊日本人は他の人たちが仕事をしているときに、先に帰ることを申し訳なく思うようですが、アメリカ人にはそのような気持ちはあまりありません。仕事が終われば帰るというのは、とても自然なことです。ですから「お先に失礼します」にピタリと合う英語はありません。

☐ 申し訳ないですが、失礼します。

I'm sorry, but I need to leave now.

＊類似表現に、Sorry to leave you here alone, but I have to go.「皆さんを残して帰るのは申し訳ないですが、失礼します」などがあります。

☐ 区切りのいいところで終わりにしてくれ。

Please finish up what you are doing and go home.

＊「取り掛かっている仕事を終わりにして帰ってください」が直訳です。

☐ さあ、区切りのいいところで終わりにしようか。

Why don't you finish what you're doing there and go home?

＊ Why don't you ...? は「…したらどうだろう」と提案するときの表現。

☐ 今日はここまでにして帰ります。

I'm going to call it a day.

＊call it a day は「仕事を切り上げる」「仕事を終える」の意味です。類似表現に、I'm out of here.「帰ります」などがあります。

☐ そろそろ切り上げよう。

Let's call it a day.

＊「そろそろ切り上げましょう」「今日はここまでにしましょう」といったニュアンスです。

☐ お疲れさまでした。

See you tomorrow.

＊「また明日」が直訳です。

☐ また来週。

Have a nice weekend.

＊金曜日に別れるときのフレーズです。

☐ さよなら。

Take it easy.

＊「ゆっくりしてね」「リラックスしてね」「休んでね」という意味です。

chapter 11 伝わる表現

□ 明日もよろしく。

I'll see you tomorrow.

＊「明日会いましょう」が直訳です。

飲みに誘う

□ 一杯どうだね?

How about a drink?

＊上司でも、気軽に話しかけられる仲であれば、この表現でOKです。もちろんそういう上司ばかりではありませんね。そういった場合は、Would you like to join me for a drink?「よろしければ一杯いかがですか?」といった丁寧な言い方のほうが適しています。

□ よろしければ一杯やりに行きませんか?

Why don't we go and get a drink?

＊ Why don't you ...? = Let's でもありますが、Why don't you ...? はその場で思いついた場合によく使われる言い回しです。「そうだ！ご一緒にいかが?」といったニュアンスに近いでしょう。

□ 一緒に行きませんか?

How about coming with us?

＊類似表現に、Why don't you come along? ／ Let's go together. ／ Why don't you join me? などがあります。

― 222 ―

☐ ご一緒にいかがですか?
Would you like to come along?

＊come along は「同伴する」「一緒にくる」という意味です。

Column

アメリカ会社員のアフターファイブ事情

日本ではアフターファイブも会社業務の続きとばかりに、仕事が終わると同僚と「ちょっと一杯」というケースが常識となっています。しかし、最近ではアフターファイブの上司との付き合いを断る若い社員も増えているようですが、それでも日本独特のこの習慣は廃れることなく続いています。

アメリカでは、アフターファイブは働く人がプライベートに戻る時間です。そんな時間帯に取引先を接待したり、上司が部下を誘って飲みに行ったりすることはほとんどありません。お酒を飲みながら、部下の本音を聞いたり、意見交換をしたり、酒席を共にすることを利点だと考える日本人とは逆に、アメリカ人は上司が特定の部下とお酒を飲むようなことをすれば、何か重要な判断を下すときに、公平になれないと考えています。リストラのために人員整理が必要なときなどです。いつも誘われている部下は、私生活を楽しむ権利を侵害されたと思うかもしれませんし、誘われない部下は不公平だと言って上司を相手に訴訟を起こすかもしれません。お国事情とはちがうもの。郷に入っては郷に従え (When in Rome, do as the Romans do.) でいくのがよさそうですね。

出社してから帰るまで
ネイティブに伝わるビジネス英語700

発行日　2010年11月10日　第1版第1刷
　　　　2011年 5 月10日　第1版第7刷

著者	デイビッド・セイン
デザイン	間野 成
イラスト	スヤマミズホ
執筆協力	窪嶋優子
編集協力	アマプロ株式会社、中山祐子
編集	柿内尚文
編集アシスタント	舩山ちひろ
発行人	高橋克佳
発行所	株式会社アスコム

〒105-0002
東京都港区愛宕1-1-11　虎ノ門八束ビル
編集部　TEL：03-5425-6627
営業部　TEL：03-5425-6626　FAX：03-5425-6770

印刷・製本　中央精版印刷株式会社

© A to Z Co. Ltd.／株式会社アスコム
Printed in Japan　ISBN 978-4-7762-0637-8

本書は著作権上の保護を受けています。
本書の一部あるいは全部について、株式会社アスコムから文書による許諾を得ずに、
いかなる方法によっても無断で複写することは禁じられています。

落丁本、乱丁本は、お手数ですが小社営業部までお送りください。
送料小社負担によりお取り替えいたします。
定価はカバーに表示しています。